Bernhard Lehnert

NATURERLEBNIS

Mähen mit der Sense

Bernhard Lehnert

Naturerlebnis
Mähen mit der Sense

Die Deutsche Bibliothek – CIP-Einheitsaufnahme
Ein Titelsatz für diese Publikation ist bei
Der Deutschen Bibliothek erhältlich

Originalausgabe
Oktober 2000

Redaktion: Annette S. Schmidt, U. Kuhn-Hein
Satz: Satz- und Druckagentur Alexandra Henze
Druck: BOD bei LIBRI

ISBN 3-931773-47-7

Der Griff zur Sense
ist die Wiederentdeckung der Einfachheit

B. Lehnert

Mit diesem Buch
möchte ich mich ganz besonders bei Fritz Bastian (†), Roger Lepelletier (†), Otto Brengel, Albin Korter, Robert Reich, Dr. Jürgen Ziegler, und Harald Thomann bedanken. Durch ihre hilfsbereite und fachkundige Unterstützung bei meinem ersten Sensenmähkurs im Juni 1988, „Am Annelfeld" in Walsheim, haben diese Männer auf ihre ganz persönliche Weise zu diesem Buch beigetragen.

Bedanken möchte ich mich auch bei Herrn Weiser, dem ehemaligen Leiter des Sensenmuseums in Achern und seinem Nachfolger Herrn Brombacher, die mir über die Jahre auf vielfältigste Weise in meinen Recherchen behilflich waren.

Ein Dankeschön auch an Herrn Ulrich Kuhn-Hein für seine Unterstützung und seinen Mut als Verleger.

Tausend Dank gebührt ganz besonders meiner Frau, die mich seit Jahren mit schmunzelnder Gelassenheit bestärkt, wenn wir auf Reisen so manchen Umweg in Kauf nahmen, um die eine oder andere Sense aufzustöbern.

Inhalt

Dritter Teil:

Vorwort

Mit der zunehmenden Mechanisierung der Landwirtschaft und der Aufgabe der Klein- und Nutztierhaltung verschwand seit den 60er Jahren mehr und mehr das Bild des Sensen schwingenden Schnitters aus unserem Leben und mit ihm die unzähligen verschiedenen Sensenblätter und Sensenstiele, die nicht selten von Dorf zu Dorf anders geformt waren. Im Zuge dieser rasch voranschreitenden Entwicklung gerieten die alten, einst verwendeten Werkzeuge und Geräte, ihr Zweck und ihre Handhabung immer mehr in Vergessenheit und dienten bestenfalls noch als nostalgische Dekorationsstücke.

Wertewandel und veränderte Einstellungen zu Natur und Ernährung haben der Sense in den vergangenen Jahren zu einer Renaissance verholfen. Heute sind es mehr und mehr Freizeit- und „Hobbylandwirte", die Grünfutter für Kaninchen, Schafe, Ziegen und Pferde mit der Sense einbringen und Gartenbesitzer, die den kurzgeschorenen Einheitsrasen gegen die bunt blühende Wildblumenwiese eintauschen und wieder zur Sense greifen, weil diese sowohl hohes als auch nasses Gras problemlos schneidet. Die naturfreundliche und kostengünstige Grünlandpflege mit der Sense setzt sich vermehrt auch bei kommunalen Gartenbauämtern, Naturschutzbehörden und Straßenmeistereien durch. So nehmen immer wieder auch Personen an den Mähkursen teil, die den richtigen Gebrauch der Sense von Berufswegen erlernen wollen.

Früher wurde das Mähen mit der Sense während der alltäglich anfallenden Arbeiten vom Vater zum Sohn und Enkel weitergegeben. So war es noch vor wenigen Jahrzehnten selbstverständlich, dass Männer und Frauen das Mähen mit der Sense mit spielerischer Leichtigkeit beherrschten. Das Mähen mit der Sense konnte man eben, da fiel es niemandem ein, irgend etwas davon aufzuschreiben. Bei dem raschen Wandel in den letzten hundert Jahren wurden so viele alte Methoden aufgegeben, dass heute nur noch wenig Erinnerungen an das Vergangene, wie beispielsweise den Gebrauch und die Handhabung der Sense lebendig sind.

So wundert es nicht, dass richtiges Mähen mit der Sense heutzutage eine Kunst zu sein scheint. Heute sind viele Sensenbesitzer mit einer Fülle von

Fragen und Problemen zum richtigen Gebrauch der Sense, so etwa dem richtigen Schärfen mit dem Wetzstein, dem Führen der Sense beim Mähen oder dem richtigen Anstellen des Sensenblattes an den Sensenstiel und vielem mehr auf sich alleine gestellt. So erklärt sich auch der große Zuspruch der angebotenen Sensenmähkurse landauf, landab.

Das vorliegende Buch will dem Anfänger wie dem Praktiker anhand verständlicher und praxisgerechter Hinweise und Anleitungen, Hilfen für eine gute Kaufentscheidung des Mähgerätes, so wie deren richtigem Gebrauch geben, um typische Fehler in der Handhabung der Sense zu vermeiden. Das Buch will anleiten zum richtigen und zum leichten Mähen. Das heißt, dem richtigen Einstellen des Sensenblattes und des Sensenstieles zur eigenen Körpergröße, dem Schärfen der Sense mit dem Wetzstein und beim Dengeln, der richtigen Körperhaltung und dem idealen Bewegungsablauf beim Mähen, dem Führen der Sense beim Mähen, den günstigsten Mähzeiten und der Pflege der Sense.

Außer Routine sind es besonders die vielen kleinen Kniffe, mit denen sich der erfahrene Schnitter das Mähen erleichtert. Wer um all diese Dinge weiß, für den wird das Mähen mit der Sense in Zukunft keine kräfteraubende und schweißtreibende Angelegenheit sein, sondern Mährobic in der freien Natur verbunden mit einem guten Mähergebnis.

Wer bedenkt schon, wenn er heutzutage mit einer Sense mäht, dass er ein Werkzeug in Händen hält, dessen Entwicklungsgeschichte im europäischen Kulturraum vor über 4000 Jahren begann. Werkzeuge und Geräte können ein Fenster sein, durch das wir heute in die Vergangenheit schauen können. „Alte" Erntegeräte vermitteln eindrucksvolle Einblicke und unerwartete Einsichten in die Jahrtausende alte Kulturgeschichte und sind ein unmittelbares Zeugnis vom Menschen, der es erfand, herstellte und handhabte. Daran und an den gewaltigen Einfluß, den die Sense auf die Entstehung unserer Wiesenflora hatte, ist zu denken, wenn der rauschende Schnitt der Sense durch das taunasse Gras klingt.

Erster Teil:

Vom Erntemesser zur Sense

Der Übergang von der einfachen Aneignung naturgegebener Nahrungsquellen zur bewußten Erzeugung von pflanzlichen und tierischen Nahrungsmitteln war in der Menschheitsgeschichte ein gravierender Einschnitt mit außerordentlicher Tragweite. Welche tiefgreifenden Folgen diese Veränderung hatte, zeigt allein die Tatsache, dass die meisten der in der Jungsteinzeit erstmalig kultivierten Pflanzen und domestizierten Tiere bis in die heutige Zeit die Grundlage unserer Ernährung bilden.

Die bäuerliche Wirtschafts- und Lebensweise bedingte eine grundlegend neue Qualität der Arbeitsorganisation. Stand bislang die Anpassung an die natürlichen Umweltverhältnisse im Vordergrund, so trat jetzt ihre Veränderung und Bewältigung hinzu. Im Unterschied zu den Sammlern und Jägern, deren Existenzgrundlage noch weitgehend von der Gunst des Pflanzenwuchses und den Zufällen des Jagdglücks beeinflußt wurde, hatten die Feldbauern und Viehzüchter ihren Lebensunterhalt auf ein wesentlich festeres Fundament gestellt. Für sie war der Grund und Boden zum unmittelbaren Gegenstand der Nahrungsbeschaffung geworden. Sie hatten sich in ihrer direkten Abhängigkeit von der sie umgebenden Natur so weit befreit, dass sie in der Lage waren, den Boden für den Pflanzenanbau urbar zu machen. Das der Natur abgerungene Acker- und Weideland wurde zum wichtigsten durch die menschliche Arbeit veränderten Produktionsmittel.

Ackerbau und Viehzucht bedeuteten eine sicherere Nahrungsversorgung als Pflanzensammeln und Tierejagen. Durch Landwirtschaft konnte man nun auch das ganze Jahr über an einem Ort bleiben und eine größere Anzahl von Menschen ernähren. Dadurch nahm die Bevölkerungsdichte zu und erste Siedlungen entstanden.

Die tiefgreifende Umgestaltung der wirtschaftlichen Grundlagen bedingte unter anderem die Entwicklung der hierfür notwendigen Arbeitsmittel sowie neuer technischer Fertigkeiten und Kenntnisse. Seit der Mensch begann einen Teil seines Lebensunterhaltes durch Ackerbau und Viehzucht zu erwerben, gibt es Werkzeuge, welche dazu bestimmt sind, die Ernte des reifen Getreides und den Wintervorrat an Grünfutter für die Nutztiere zu erleichtern. Das wesentlich Neue an diesen Werkzeugen war, dass sie geschärfte Schneiden aufwiesen und zweckmäßige Formen der Schäftung ihre Wirkung wesentlich erhöhten.

Unser Wissen über die Entwicklungsgeschichte des Menschen gründet sich im wesentlichen auf Werkzeugfunde. Die pflanzlichen Materialien sind zu Staub zerfallen, was sich erhalten hat sind Werkzeuge verschiedener Epochen. Wir sprechen je nach Materialtypus des Werkzeuges von der Steinzeit, der Bronzezeit und der Eisenzeit.
Die Entwicklung der Erntewerkzeuge beginnt mit dem Gebrauch messerartiger Schneiden aus Stein und Knochen, den sogenannten Erntemessern. Die Suche nach den Wurzeln solcher Erntewerkzeuge führt uns in den Orient. Die Zivilisationen am Nil und im Zweistromland Mesopotanien stehen am Anfang der Reise durch die Welt der schneidenden Erntegeräte. Wie sich aus entsprechenden Funden schließen läßt, waren diese einfachen Schneidewerkzeuge im 6. Jahrtausend vor unserer Zeitrechnung im Orient und Ägypten im Gebrauch. Was folgte, war die Umbildung des Erntemessers zur Sichel, einem Werkzeug, dessen Griff einen ausgeprägten Winkel mit der Schneide bildet. Auch dieser Vorgang vollzieht sich zuerst im Orient. Bereits in der ersten Hälfte des 3. Jahrtausend vor Christus finden sich Darstellungen von Sicheln auf ägyptischen Wandgemälden. Unter der Fülle der bildlichen Darstellungen, welche die Pyramiden im Innern ausschmücken, finden sich viele Ernteszenen. Es sind Bilder, die erzählen, welche Erntegeräte verwendet, wie sie gehandhabt und wie geerntet wurde. Um 2000 vor unserer Zeitrechnung waren dies durchwegs Sicheln mit einer Schneide aus Metall und einem Holzgriff, die mit der rechten Hand geführt wurden und die vom Schnitter mit der linken Hand umfassten Halme durchtrennten.

Abb. 1: Sichelernte in Ägypten.

Im mitteleuropäischen Kulturkreis finden sich erst in der jüngeren Steinzeit, etwa 2500 v. Chr., sichelförmige Erntegeräte. Es waren dies Holzstücke mit auswechselbaren, messerförmigen Feuersteinklingen, die in eine Rille des Holzschaftes eingekittet wurden. Eine Form bestand aus einem geraden Holzstab mit einer rechtwinkelig eingesetzten und weit hervorragenden Feuersteinklinge. Die zweite Form bestand aus einem gekrümmten Holzstück, an dessen konkaver Seite eine Rinne eingeschnitten und darin ein Feuersteinsplitter der Länge nach eingekittet war.

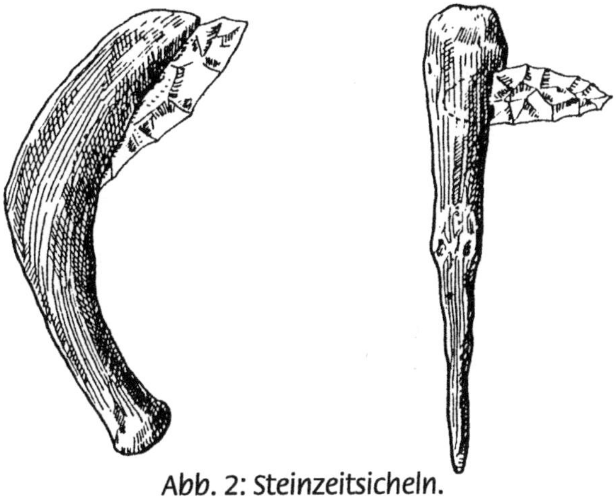

Abb. 2: Steinzeitsicheln.

Während bereits in der ersten Hälfte des 3. Jahrtausends v. Chr. in Vorderasien Erntegeräte aus Metall im Gebrauch waren, fand dieser Werkstoff in Europa erst in der frühen Bronzezeit, also fast 1000 Jahre später, für die Herstellung von Waffen, Werkzeugen und Erntegräten Verwendung. Bronze eine Legierung aus Kupfer und Zinn, war um 2000 v. Chr. ein weitverbreitetes Metall. Kupfergeräte wurden schon vor dieser Zeit hergestellt, aber Kupfer war für die Verarbeitung zu Werkzeugen und Waffen zu weich. Erst durch die Zugabe von etwa zehn Prozent Zinn erhielt man eine entsprechend harte Legierung, die zudem noch in verschiedenartigste Formen gegossen werden konnte. Bronzeklingen konnten geschärft oder, wenn sie abgenutzt waren, eingeschmolzen und neu gegossen werden. Die meisten Bronzegeräte stellte man her, indem man das geschmolzene Metall in eine Form goß, in der es dann abkühlte und erstarrte.

In der Bronzezeit wurde die leichte Formbarkeit des neuen Werkstoffes unter anderem benützt, um besser geeignete Erntegeräte zur Getreideernte herzustellen. Die ersten bronzenen Erntegeräte waren zunächst nur Nachbildungen steinerner Vorformen. Mit der allmählichen Verbesserung und Perfektionierung des Bronzegusses bildeten sich die typischen Sichelformen heraus, die bis heute im wesentlichen beibehalten wurden. Solche Sicheln wurden in fast allen archäologisch erschlossenen Siedlungen der Bronze- und Hallstattzeit angetroffen, und es zeigen diese eine große Vielfalt in Form und Güte der Ausführung.

Allerdings war die Bronze nicht das geeignete Material, um daraus Sensen oder ähnliche Geräte von großen Abmessungen herzustellen. Die Biegefestigkeit dieses Metalles war dazu doch zu gering und hätte eine übermäßig schwere Ausführung erfordert.
Erst mit dem Eisen war es möglich robuste Waffen und Werkzeuge zu fertigen. Die ersten guten Eisenwerkzeuge wurden von den Hethitern hergestellt, die im heutigen Anatolien lebten. Sie perfektionierten um 1500 v. Chr. die Technik der Eisenschmelze und Eisenschmiede. Die Eisenerzeugung bestand bis ins 15. Jahrhundert nach Chr. darin, dass man mit Holzkohle Eisenerze schmolz. Dabei entstand das sogenannte Luppeneisen. Die Luppen mußten vor der Weiterverarbeitung erst aufbereitet werden, indem man sie mit Pochhämmern so lange klopfte bis Schmiedeeisen aus ihnen wurde. Aus diesem Schmiedeeisen konnte man zwar Waffen und Werkzeuge herstellen, aber keine größeren Werkstücke.
Die Verwendung von Eisen, in der nach diesem Metall benannten letzten Stufe der vorgeschichtlichen Zeit, der Eisenzeit 800 v. Chr., hatte ein starke Umstellung und Weiterentwicklung in der Metallbearbeitung zur Folge. Während der Bronzeguss in vorgefertigte Formen eine gewisse Art von Serienherstellung mit sich brachte, mußten die Eisengeräte stets einzeln und in einem längeren Arbeitsprozeß geschmiedet werden. Natürlich war auch mit der Herstellung der Bronzesichel, bis aus dem frischen Gußstück die gebrauchsfertige Sichel entstanden war, Einzelarbeit verbunden. Aber die beliebig oft herstellbaren Gussrohlinge waren durch die Gussform in ihrer Gestalt bereits festgelegt und erfuhren keine wesentliche Formänderung mehr. Ganz anders dagegen gestaltete sich die Herstellung von Waffen und Werkzeugen aus Eisen. Als Rohmaterial stand dem Schmied das bei der Eisenschmelze gewonnene weiche Schmiedeeisen in Barrenform zur Verfügung. Aus dem rotglühenden Rohling mußte in kräftezehrender Hammerarbeit zunächst die Vorform, ein Eisenstab und dann das Gerät selbst geschmiedet werden. Erst danach begann ähnlich wie beim Bronzegußstück die nach dem Guss einsetzende Veredelungsarbeit des Härtens und Schleifens.

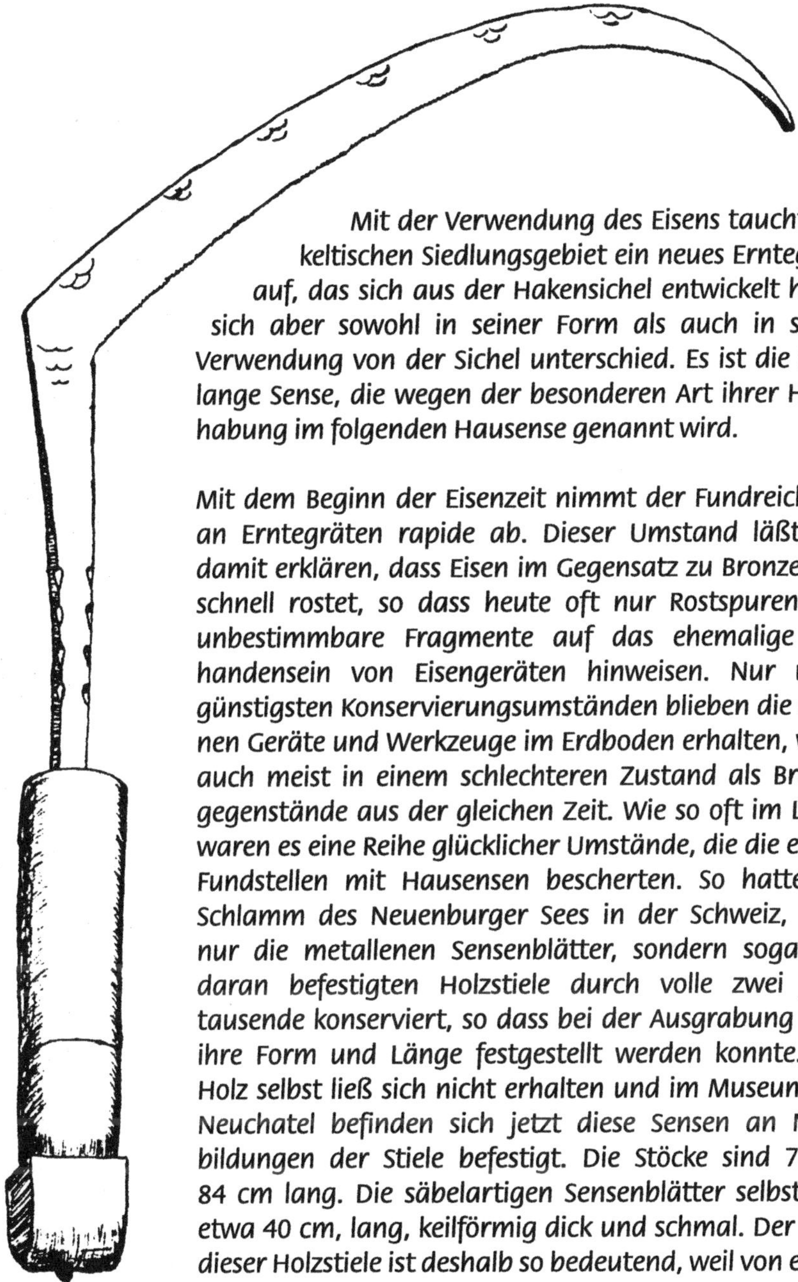

Abb. 3:
Hakensichel.

Mit der Verwendung des Eisens tauchte im keltischen Siedlungsgebiet ein neues Erntegerät auf, das sich aus der Hakensichel entwickelt hatte, sich aber sowohl in seiner Form als auch in seiner Verwendung von der Sichel unterschied. Es ist die halblange Sense, die wegen der besonderen Art ihrer Handhabung im folgenden Hausense genannt wird.

Mit dem Beginn der Eisenzeit nimmt der Fundreichtum an Erntegräten rapide ab. Dieser Umstand läßt sich damit erklären, dass Eisen im Gegensatz zu Bronze sehr schnell rostet, so dass heute oft nur Rostspuren und unbestimmbare Fragmente auf das ehemalige Vorhandensein von Eisengeräten hinweisen. Nur unter günstigsten Konservierungsumständen blieben die eisernen Geräte und Werkzeuge im Erdboden erhalten, wenn auch meist in einem schlechteren Zustand als Bronzegegenstände aus der gleichen Zeit. Wie so oft im Leben waren es eine Reihe glücklicher Umstände, die die ersten Fundstellen mit Hausensen bescherten. So hatte der Schlamm des Neuenburger Sees in der Schweiz, nicht nur die metallenen Sensenblätter, sondern sogar die daran befestigten Holzstiele durch volle zwei Jahrtausende konserviert, so dass bei der Ausgrabung noch ihre Form und Länge festgestellt werden konnte. Das Holz selbst ließ sich nicht erhalten und im Museum von Neuchatel befinden sich jetzt diese Sensen an Nachbildungen der Stiele befestigt. Die Stöcke sind 75 bis 84 cm lang. Die säbelartigen Sensenblätter selbst sind etwa 40 cm, lang, keilförmig dick und schmal. Der Fund dieser Holzstiele ist deshalb so bedeutend, weil von einem Metallstück allein nicht abzulesen ist, wie dasselbe gehandhabt wurde.

Für die Fundstellen aller weiteren frühen Sensenfunde ist bezeichnend, dass sie sämtlich in den feuchteren und kälteren Gegenden Europas liegen. Die Entstehung der Hausensen ist ein Folge der wirtschaftlichen und klimatischen Verhältnisse der vorrömischen Eisenzeit. Seit der späten Hallstattzeit setzt in Mitteleuropa eine allmähliche Verschlechterung des Klimas ein. Das trocken-warme Subboreal geht in das feuchte und besonders im Anfang kältere Subatlantikum über bis sich das Klima in der späten Latene-Zeit, 400 v. Chr., weitgehend den heutigen Verhältnissen nähert.

Die klimatischen Einflüsse und eine höhere Stufe der Landwirtschaft, die sich durch eine intensivere Nutztierhaltung auszeichnete, stellten den viehzüchtenden Bauern vor die Notwendigkeit, einen Winterfuttervorrat für sein Vieh anzulegen, eine Arbeit, die während der Bronzezeit und auch in der älteren Eisenzeit wegen der verhältnismäßig kurzen und milden Winter kaum nötig gewesen war.

Zur Gewinnung von Wiesenheu für die Winterfütterung diente zunächst die seit altersher bekannte Sichel. Diese konnte aber in ihrer ursprünglichen Form den gestellten Anforderungen nicht mehr genügen, denn das Schneiden des Grases mit der Sichel in entsprechenden Mengen war gewiß keine angenehme Arbeit, da das Schneiden von Gras in tiefgebückter Haltung für den Schnitter sehr anstrengend war und auch zu langsam vor sich ging. Es bedurfte eines anderen Gerätes, das besser als die Sichel geeignet war, die erforderlichen Wiesenheuvorräte zu ernten. Dieses Gerät war die Hausense, die seit der jüngeren Latene-Zeit in Mitteleuropa auftritt.

Wenn das beim Grasschnitt mit der Sichel verbundene tiefe Bücken vermieden und eine größere Arbeitsleistung erzielt werden sollte, mußten Griff und Blatt verlängert werden. Erst mit dem Drehen der Hamme nach oben

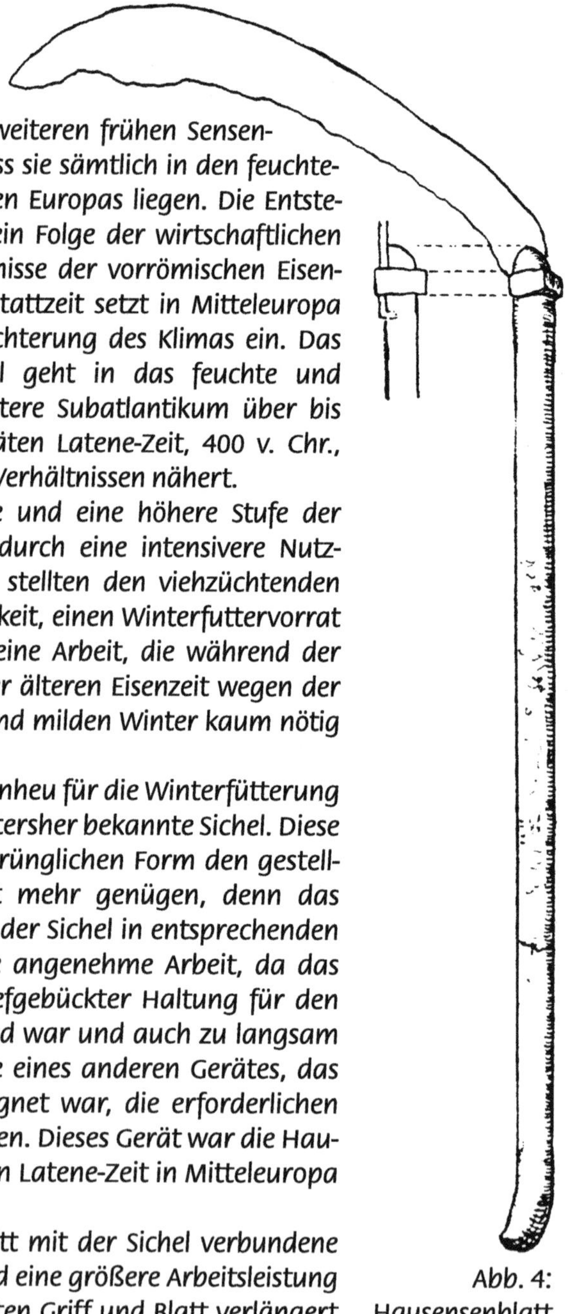

Abb. 4: Hausensenblatt mit Stiel.

war es möglich, die Sense in aufrechter Stellung zu führen. Die Verlängerung des kurzen Griffes zum Stiel bewirkte, dass der Mäher mit nur leicht gebeugtem Oberkörper arbeiten konnte, und durch die Vergrößerung des Blattes erhöhte sich die Arbeitsleistung. Zugleich aber veränderte sich die Handhabung, indem die Hausense vor dem in den Hüften gebeugten Körper mit beiden Händen gehalten wurde und mit raschen, kurzen Schwüngen von rechts nach links gemäht wurde. Dabei traf die ganze Länge der Schneide auf einmal gegen die Halme, die auf diese Weise eher abgehauen als abgeschnitten wurden.
Die Hausense verbreitete sich in der jüngeren La Tene-Zeit auf das ganze, von Kelten besiedelte Gebiet Mitteleuropas: Frankreich, die Schweiz, Süd- und Mitteldeutschland, Österreich, Böhmen und Mähren, bis zum nördlichen Balkan. Das Sensenblatt, ursprünglich kurz und plump, wird im Laufe der Entwicklung länger und schmäler, ohne aber seine Gesamtform wesentlich zu ändern.
In der römischen Kaiserzeit nimmt die Fundhäufigkeit im alten Verbreitungsgebiet der Hausensen beträchtlich ab. Gleichzeitig mit dem Verschwinden der Hausensen im südlichen Mitteleuropa vollzieht sich deren Ausbreitung nach Nord- und Nordosteuropa. Damit wird die ursprünglich keltische Hausense zu einem der wichtigsten Erntegeräte germanischer und baltischer Völker. Die Verbreitungsgeschichte der zur Heuernte benutzten Hausensen, von ihren Anfängen bis in die 50er Jahre des 20. Jahrhunderts, läßt sich am einfachsten mit einem Wolkenschatten vergleichen, der vom südlichen Mitteleuropa ausgehend, langsam nach Nordeuropa gezogen ist, um dann weiter nach Osten abzuwandern. Dieser Vorgang findet seine Ergänzung in der Ausbreitung der Sensen mit langem Baum, die im Rücken des Schattens nachdrängten und in ganz Mitteleuropa und Nordeuropa an die Stelle der Hausensen getreten sind.

Die Sichte

Die Hausensen dienten, soweit sich das heute beurteilen läßt, allein zur Heumahd und nicht zur Getreideernte. Nur die Sichte fügt sich nicht in dieses Bild. Die Sichte, eine Hausense, die am Niederrhein und an der Nordseeküste für die Getreideernte auch dann noch verwendet wurde, als man in diesen Gebieten zum Grasmähen schon lange zur Sense gegriffen hatte.

Abb. 5:
Mäher mit Sichte und Mathaken.

Die Sichte war eine Art kurze Sense mit einem schwach gekrümmten Blatt von ca. 60 bis 80 cm Länge und ca. 5 bis 8 cm Breite. An der senkrecht von der Ebene des Blattes emporstehenden Hamme war ein kurzer, knieförmig gestalteter, etwa 50 cm langer Holzstiel mit einem geformten Handgriff befestigt.
Die Verwendung der Sichte zum Getreidemähen erforderte ein Hilfsgerät für die linke Hand, den sogenannten Mathaken, um die abzuhauenden Halme von den übrigen abzuteilen, ihnen einen Widerhalt zu geben und sie anschließend in Garben abzulegen. Der Mathaken war ein ca. 80-90 cm langer Holzstab, dessen oberes Ende zu einen geformten Griff für die linke Hand ausgestaltet war. Am unteren Ende des Holzstabes, war ein ca. 20 cm langer, schwach gekrümmter Eisenhaken befestigt. Sichte

und Mathaken sind ein Doppelgerät, bei dem die Rechte die Sichte und die Linke den Mathaken bedient.
Bei der Getreidemahd mit der Sichte hatte der Mäher das Getreide links vor sich stehen. Mit dem Mathaken in der linken Hand teilte er die mit einem Schlag zu bewältigende Menge Halme von den übrigen ab und richtete sie auf, falls das Getreide niedergeschlagen war. Die rechte Hand faßte die Sichte am Griffende und holte in hohem Schwung zum Schlage aus, so das das Blatt der Sichte schräg nach oben zeigte und der Arm mit dem Stiel eine gestreckte Linie bildete. Mit einem kräftig geführten Schwung, von oben nach unten dicht über dem Boden gegen die vom Mathaken ergriffenen Halme, wurden diese abgeschlagen. Diese Schlagbewegung wiederholte der Mäher nach vorne schreitend fünf- bis sechsmal, bis genug Halme abgeschlagen waren um zu einer Garbe gebunden zu werden.

Die Vorteile der Sichtenarbeit gegenüber der Arbeit mit der Sichel bestanden vor allem in der erheblich größeren Arbeitsleistung und in der Ersparung einer Arbeitskraft, die das Getreide abraffte und in Garben legte. Da das Getreide besonders in der Marsch sehr häufig von Wind und Regen niedergelegt wird, mag ein Grund dafür gewesen sein, dass dieses Gerät am längsten in den Küstengegenden im Gebrauch war.
Die Nachteile der Sichte liegen sowohl in ihrer nicht ganz einfachen Handhabung, die physische Kraft wegen der starken Beanspruchung des schlagführenden rechten Arms und zugleich viel Geschicklichkeit erforderte, um beim Schlag nicht den linken Fuß zu treffen, als auch in der gleichzeitigen Benutzung des Mathakens.

Abb. 6: Getreideernte mit der Sichte.

Erste Sensen mit langem Sensenstiel

Die Sensen mit langem Sensenstiel sind eine Weiterentwicklung der Hausensen, entstanden aus dem Bestreben, den Wirkungsgrad der Hausensen zu vergrößern. Aus entsprechenden Funden, die bereits die typischen Merkmale der Sensenblätter mit langem Stiel aufweisen, läßt sich schließen, dass ihre Entstehung etwa in das Ende des 3. vorchristlichen Jahrhunderts fallen dürfte.

Nach über 2000 Jahren fällt es schwer, in der Kette von Ursachen und Wirkungen das Anfangsglied in der Entwickling zur Sense, wie wir sie heute kennen, zu finden. Möglichkeiten zur Verbesserung der Sense boten sich durch die Formung des Sensenblattes, die Veränderung des Hammenwinkels, die Krümmung und Verlängerung des Sensenstieles und durch das Anbringen von Handgriffen daran.

Abb. 7: Alte Sensenstiele und Zubehör.

Die große Vielfalt der Formen und Formveränderungen der Sense im Bemühen der Menschen die Sense zu verbessern, läßt sich am besten darstellen, wenn die Entwicklung der Sense in ihren Einzelteilen, Sensenblatt, Sensenstiel, Griffen und Reff, im folgenden getrennt voneinander betrachtet wird.

Das Sensenblatt

Dem Wirkungsgrad der eisenzeitlichen Hausensen waren durch die Art ihrer Handhabung gewisse Grenzen gesetzt. Eine Verlängerung des Blattes zum Zwecke einer größeren Schnittbreite wäre zwangsläufig mit einem verhältnismäßig starken Ansteigen des Kraftaufwandes verbunden gewesen bei dem Versuch, das einseitige Übergewicht des relativ dicken, keilförmigen Sensenblattes auszugleichen
Die Funde latenezeitlicher Sensenblätter zeigen, dass man zunächst versuchte durch besondere Gestaltung des Blattes den einseitigen Überhang der Sense auszubalancieren. Die gestreckte keilförmige Klinge erhielt eine Verlängerung in ein stark nach rechts ausladendes Bogenstück mit stumpfer Innenkante. Dieses Bogenstück knickte am Ende zu der senkrecht stehenden Hamme um. Diese Form des Sensenblattes ähnelt einer gedrungenen Bogensichel.

Abb. 8: Latenezeitliche Sensenblätter mit Bogenstück.

Um die Zeitenwende treten zum ersten Mal Sensenblätter mit aufgekantetem Rücken auf. Eine Neuerung, die sich in der römischen Kaiserzeit weitgehend durchsetzt. Bis dahin hatte das Blatt einen keilförmigen

Querschnitt besessen, es mußte verhältnismäßig dick gefertigt sein, um der aus dem schlagenden Schnitt resultierenden Belastung gewachsen zu sein. Das Schmieden eines starken Rückengrates vergrößerte die Stabilität der Klinge und erlaubte zugleich, das Blatt dünner und leichter zu machen. Dadurch erleichterte sich die Handhabung, und außerdem wirkte sich die Dünne des Blattes vorteilhaft auf die Schärfe der Schneide aus.
Eine solche Sense von ganz ungewöhnlichen Ausmaßen wurde bei Ebelsberg in Oberösterreich gefunden. Sie besitzt eine Gesamtlänge von 182 cm bei nur 3 cm Klingenbreite; davon entfallen 104 cm auf den Klingenteil mit verstärktem Rücken, 68 cm auf das kreisförmige gekrümmte Bogenstück und 10 cm auf die Hamme. Andere Fundstücke mit Klingenlängen von 120 bis 160 cm Länge überschreiten die heute üblichen Maße ebenso erheblich.
Vergleichen wir eines der spätrömischen Sensenblätter mit einem Sensenblatt der Gegenwart, so zeigt sich, dass die wesentlichen Unterschiede zwischen beiden Formen im Übergangsteil von der Klinge zur Hamme liegen. Bei den Sensen der römischen Kaiserzeit biegt die Klinge in einem mehr oder weniger scharfen Bogen zur langen Hamme um. Ein richtiger Winkel wie bei den heutigen Sensenblättern war noch nicht ausgebildet, und ebenso war der Absatz zwischen dem Schneidenende und der stumpfen Innenkante der Hamme häufig nur undeutlich ausgeprägt. Die Hamme ist eine umgebogene schmalere Verlängerung der Klinge. Das gilt zwar auch für die modernen Sensenblätter, aber nur vom Gesichtspunkt der Herstellung aus gesehen, denn in der Form hat sich eine grundlegende Veränderung vollzogen: Die Klinge bricht am Bartende, wo sie ihre größte Breite erreicht, ab, und die Hamme steht nur noch mit dem Rückenteil der Klinge und dem Rücken selbst in Verbindung. Außerdem hat die Hamme eine kurze, schmale aber kräftige Form bekommen und das aufgebogene Ende ist zu einer viereckigen Warze verkleinert worden.

Der Wandel zu der heute noch geläufigen Form mit breitem Klingenbart und scharf abgesetzter Hamme scheint sich im 13. Jahrhundert vollzogen zu haben. In dieser Zeit finden sich die ersten Belege für die neue Sensenform bei einer Portalfigur und in einem Mosaikfenster der Kathedrale von Chartres.

Das Sensenblatt endet in einem verhältnismäßig breiten Bart und die Hamme ist aus der Ebene des Blattes herausgedreht. Um den einseitigen Schwerpunkt der Sense auszugleichen mußte auch der Winkel zwischen Hamme und Schneide unter 90 Grad verkleinert werden. Der spitze Hammenwinkel war die entscheidende Verbesserung in der Entstehung der Sense mit langem Baum, die es ermöglichte, dass auch bei aufrechter Haltung des Mähers die Sense mit ihrer ganzen Schneide parallel zum Boden geführt werden konnte, wobei sich das Abhauen der Halme in ein Abschneiden wandelte.

Abb. 9: Portalfigur von Chartres

Mit diesem Vorgang verband sich eine Reihe von Vorteilen, die ihrerseits wieder die Voraussetzungen zu einem Fortschreiten auf dem eingeschlagenen Weg gaben. Beim schneidenden Schnitt verringerte sich nicht nur der nötige Kraftaufwand, sondern zugleich auch die Belastung des Blattes, weil nicht mehr wie bei der Hausense die ganze Länge der Schneide gegen die Halme traf, sondern alle Teile von der Spitze bis zum Bart nacheinander. Der schneidende Schnitt wurde noch dadurch gefördert, dass das Sensenblatt eine bogenartige Krümmung erfuhr. Das kam wieder der Form des Blattes zugute: es ergab sich die Möglichkeit, das breite, kräftige Hausensenblatt schlanker und leichter zu gestalten. Ein leichteres Blatt konnte aber auch verlängert werden, ohne dass sich die damit verbundene Verlagerung des Schwergewichtes allzusehr auswirkte.

Die Formveränderung war nur im Zusammenhang mit einem Fortschritt in der Materialbearbeitung möglich, weil die schmalere Verbindung zwischen Klinge und Hamme durch eine größere Stabilität des Materials

ausgeglichen werden mußte. Dieser Fortschritt dürfte mit der seit dem 12. Jahrhundert besseren Eisenverarbeitung durch wassergetriebene Hämmer zusammenhängen.
Die beschriebene Formveränderung der Sense hatte wesentlichen Einfluß auf die Zunahme der Wiesenkultur und die Ausbreitung der Viehzucht und Milchwirtschaft am Ende des Hochmittelalters. Die technische Verbesserung der Sense wirkte sich fördernd auf die Heuwirtschaft aus, weil die neue Sensenform ein besseres und zügigeres Mähen erlaubte. Erst mit der neuen Sense entstanden die weiten Graslandschaften, die die wirtschaftlichen Grundlagen der Viehzucht jener Zeit bildeten.

Herstellung und Handel

Wie schon oben angesprochen, war mit dem Übergang von den bronzenen zu eisernen Erntegräten ein grundlegender Wandel in der Herstellungstechnik verbunden. An die Stelle der Serienproduktion der Bronzesicheln, bei der viele Stücke nacheinander in der gleichen Gussform bzw. mehrere Stücke in einem Gusvorgang hergestellt wurden, trat die Einzelfertigung der eisernen Sicheln und Sensen.
Die Anfertigung von Sicheln und Sensen, die ursprünglich zum Arbeitsbereich jedes Schmiedes gehörte, wurde im Laufe vieler Jahrhunderte so sehr vervollkommnet, dass seit dem Mittelalter ein selbstständiges Sensenschmiedegewerbe vor allem in den Gebieten mit reichen, „leicht" zu gewinnenden Eisenerzlagern wie in der Steiermark und Westfalen entstand. Durch die Erfindung der wassergetriebenen Hämmer im 12. Jahrhundert nahm die Eisenverarbeitung einen großen Aufschwung.
Erzeugung und Handel mit Sensen scheinen damals infolge einer Ausbreitung der Landwirtschaft ziemlich rasch an Bedeutung zugenommen zu haben. 1409 wurden, wie aus einigen im Nürnberger Staatsarchiv befindlichen Schriftstücken hervorgeht, einer Nürnberger Handelsgesellschaft zwei Faß mit 600 und 535 Stück Sensen bei Schaffhausen in der Schweiz aufgehalten. Um das Ende des 15. und den Anfang des 16. Jahrhunderts werden Sensen aus Österreich in großen Stückzahlen nach Bayern, der Schweiz, Böhmen, Polen und Rußland exportiert.

Abb. 10: Sensenschmied, Holzschnitt von Jost Ammon aus dem 16. Jahrhundert

Alle Sensenschmiede bis zum Beginn der Neuzeit waren Faustschmiede. Als Rohmaterial bearbeiteten sie die schon erwähnten Sensenknüttel: flache, daumenstarke Vierkantstäbe aus gegerbtem Stahl. Der Sensenschmiedemeister mit seinen Gesellen schmiedete aus diesen Knütteln in mühevoller Arbeit die fertigen Sensen. Ein Bild aus dem Nürnberger Holzschnitzwerk von Jost Ammon, Stände und Handwerker 1586, öffnet uns den Blick in eine solche Sensenschmiede. Vier Männer stehen in der Mitte des Raumes um den großen Amboß, der auf einem schweren Holzklotz befestigt ist. Der Meister hält mit einer Zange in der Linken das Sensenblatt und holt mit dem Hammer in der Rechten zum Schlag aus. Die drei Gesellen schlagen im Takt auf die Klinge, und so formt sich das breite Sensenblatt aus dem rohen Sensenknüttel. Hans Sachs schrieb zu diesem Bild die folgenden Verse:

Vil Sensen durch mich geschmiedet sind,
Mit Hammerschlägen schnell und schwind,
Die Dengel ich scharff vber dmaß,
Darmit man Meht das grüne Gras,
Daraus dann wirt Gruhmaht vnd Heuw.
Auch mach ich Sichel mancherley
Darmit man einschneid das Getreid,
Durch alte Weiber vnd Bauwren Meid.

Der findige Schmiedemeister Konrad Eisvogel aus dem österreichischen Micheldorf kam 1584 auf den Gedanken, den Wasserhammer, mit welchem man die Knüttel schmiedete, auch zum Ausschmieden des Sensenblattes zu benützen. Die Versuche hatten Erfolg und die bis dahin mühevolle Arbeit des Sensenbreitens durch mehrere Gesellen oder „Schlagbuben" mit den Handhämmern wurde nun unter dem mechanischem Wasserhammer ausgeführt. Mit dem starken Schlag des Wasserhammers ließ sich in kürzerer Zeit ein besseres, gleichmäßigeres Sensenblatt herstellen als mit der mühsamen Faustarbeit. Die Tage der nach alter Art mit dem Fausthammer arbeitenden Sensenschmiede waren daraufhin bald gezählt. Die neue Arbeitsweise setzte sich in den folgenden Jahrzehnten rasch und allgemein durch und führte zu einem großen Aufschwung der Sensenfabrikation seit dem 17. Jahrhundert.

Abb. 11: Der wassergetriebene Sensenhammer.

Das 19. Jahrhundert brachte eine Vielzahl technischer Verbesserungen die in immer stärkerem Maße die Handarbeit verdrängten und in raschen Schritten vom handwerklichen Kleinbetrieb zur Fabrik führten. In der mehr als zweihundert Jahre währenden Blütezeit des Sensenschmiedehandwerks fertigten in Österreich etwa 160 Werkstätten ca. 10 Millionen Sensenblätter jährlich, wovon sieben bis acht Millionen exportiert wurden. Die rasant fortschreitende Industrialisierung führte zu einer ständigen Abnahme der vielen kleineren Sensenschmieden zu Gunsten weniger großer Fabriken, ohne dass jedoch die Produktion zunächst nachgelassen hätte. Mit der aufstrebenden Sensenindustrie in anderen europäischen Ländern, die bis dahin österreichische und deutsche Sensen importierten und der steigenden Bedeutung der Mähmaschine in den folgenden Jahrzehnten, wurde mehr und mehr Wert auf die „Aufmachung", sprich optische Vermarktung der Sensen gelegt, indem man den Sensenblättern mit Hilfe von Tupfhämmern, Poliermaschinen, Farbe und Etiketten ein ansprechendes Äußeres verlieh.

Abb. 12: Werbeplakat für Sensen.

Sensenblattformen und ihr Gebrauch

Wie bereits angesprochen waren die Form der Sensenstiele und die Form und Größe der Sensenblätter von Land zu Land, von Region zu Region und oft sogar von Dorf zu Dorf verschieden. Einen Überblick über die scheinbar unerschöpfliche Formenvielfalt und deren oftmals überraschende kunsthandwerkliche Gestaltung erhält der interessierte Leser bei einem Besuch im Sensenmuseum in Achern.

Als Hauptmaß gilt bei der Sense das Längenmaß, das man früher in „Hand" angab. Beim Sensenkauf war es üblich, dass die Bauern die Sensenlänge durch Abgreifen mit der Hand gemessen haben. Wenn man von einer Sense beispielsweise sagte, sie sei achthändig, so verstand man darunter eine etwa 80 cm lange Sense, denn eine Hand mißt etwa 10 cm. Gemessen wurde von der Hamme bis zur Sensenspitze. Dazu legte man die rechte Hand an der Hamme im Fausgriff an und setzte so Hand an Hand auf dem Rücken des Sensenblattes an. Die Länge der Sensenblätter schwankte zwischen 35 bis 115 cm.

Dem Laien mag die Verwendung so vieler Typen eines überall zu der gleichen Verrichtung verwendeten Gerätes unverständlich erscheinen. Formbestimmend waren Klima, landwirtschaftliche Tradition, Geländeform, Bodenbeschaffenheit und die Art der zu mähenden Pflanzen. Besonderen Einfluß auf die Länge des Sensenblattes hatte maßgeblich die Geländeform. Auf weiten, ebenen Grünland- und Getreideflächen benützte man im allgemeinen lange Sensen von acht bis zehn Hand Länge. Um dagegen in steinigen Gebirgslagen und vom Wald abgerungenen noch mit Wurzeln, Baumstrünken, Findlingen und Unebenheiten durchsetzte Wiesen zu mähen, brauchte man kurze Sensen von 4 bis 5 Hand Länge. Neben dem Einfluß der Geländeform verlangte insbesondere die Art des zu mähenden Aufwuchses geeignetes Gerät. Nicht jeder Aufwuchs läßt sich gleich gut mit der gleichen Sense mähen, sondern bedingt verschiedene Ausführungen, wenn beim Mähen mit geringster körperlicher Beanspruchung auf Dauer eine gute Mähleistung erzielt werden soll. Das saftige Grün feuchter Fettwiesen mäht sich anders als Bergwiesen mit kurzwüchsigen Gebirgskräuter, Klee anders als hoher Staudenaufwuchs, hartes Steppengras anders als straff stehendes Getreide.

So waren eine Vielzahl von langen und kurzen, schmalen und breiten, leichten und schweren Sensenblätter für die verschiedensten Mäharbeiten im Gebrauch. Neben den allgemein gebräuchlichen, aber in der Blattform

Abb. 13: Verschiedene Sensenblätter.

doch sehr verschiedenen Grassensenblätter und Getreidesensenblätter kannte man spezielle Strauch-, Stauden-, Heidekraut-, Weinberg-, Hopfen-, Mais-, Wald- und Schilfsensenblätter.
Nicht zuletzt spielten traditionelle Gesichtspunkte bei der Formgestaltung der Sensenblätter eine regional bestimmende Rolle. Während in Osteuropa fast ausschließlich leichte und schmale Sensenblätter mit Breiten von 30 bis 50 mm in Gebrauch waren, war es in vielen romanischen Regionen üblich, dass alle Werkzeuge in schwererer Ausführung verlangt wurden als dies allgemein üblich war. Besonders in der Schweiz und in Frankreich wurden vielfach breite Sensenblätter mit besonderes breit ausgeschmiedetem Bart verlangt.

Kriegssensen

Auch die Sense gehört zu jenem Handwerkszeug, deren eigentlicher Gebrauch zuweilen entartete. So hatte die Sense den Bauern in Kriegs-

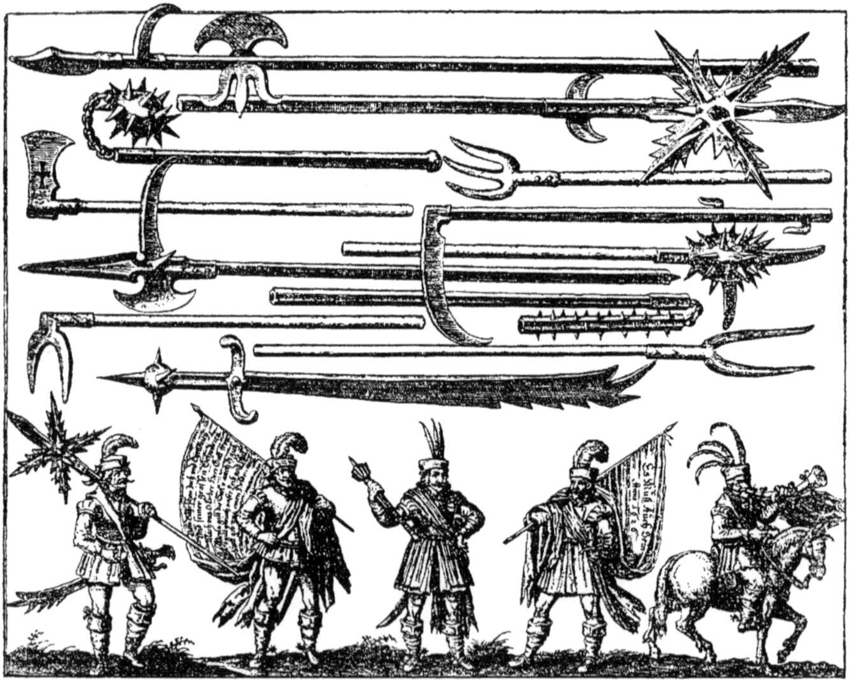

Abb. 14: Sensen als Waffen im Bauernaufstand.

zeiten als „Waffe des kleinen Mannes" auch vielfach als Todeswaffe gedient. Aufrecht befestigt am Stiel oder zur Kampfsense umgeschmiedet, vom friedlichen Erntegebrauch jäh überspringend zu einer schrecklichen Hieb- und Stichwaffe.
Leonardo da Vinci zeichnet um 1500 einen Sichelwagen, bei dem sich, unter Zwischenschaltung von Zahnrädern, vier lange Sicheln während der Fahrt oberhalb des Radgestells im Kreise herumdrehen. Bei anderen Modellen solcher Kampffuhrwerke waren Sensen an den Achsen der Räder befestigt. Diese Wagen wurden durch die feindlichen Truppen gerollt, um sie zu trennen und in Unordnung zu bringen und um den nachdringenden Truppen Bahn zu brechen.

Sensenkauf

Eine gut schneidende Sense bedeutete besonders in den landwirtschaftlich geprägten Zeiten einen wertvollen Besitz. Ein gutes Sensenblatt war teuer und ehe der Bauer sich eine neues Sensenblatt kaufte, versuchte er das Alte so lange wie möglich zu erhalten, indem er Sprünge und Risse im Blatt sorgfältig zu reparieren versuchte. Größere Schäden ließ man nach Möglichkeit vom Schmied beheben und selbst Brüche im Blatt versuchte man zusammen zu nieten, wovon allerlei Reparaturstellen an alten Sensenblättern zeugen.
Das Bestreben der Bauern war von jeher darauf gerichtet, durch mancherlei Untersuchungen festzustellen, ob das zu kaufende Sensenblatt etwas taugte. Eine weitverbreitete Methode war das Beurteilen der Güte nach dem Klang, den das Blatt beim Anschlagen gab. Man lauschte auf den leise summenden Ton, der wie bei einer Stimmgabel entstand, wenn das Blatt mit einem anderen Gegenstand angeschlagen wurde. Blätter mit hellem Ton genossen den Vorzug. In Zweifelsfällen entschied das geringere Gewicht. Dass die Klangprobe nicht allgemein anerkannt wurde, belegt ein aus Holstein überlieferter Spruch:

> **„Wer de Sens köfft nah den Klang,**
> **un de Fru nah de Gesang,**
> **is bedrag'n sein Lebenlang!"**

Sensenzeichen

Im allgemeinen war der Kauf eines Sensenblattes mehr oder weniger Glückssache. Einer fertigen Sense konnte man es ja nicht so ohne weiteres ansehen, ob sie ein erstklassiges, schneidehaltendes Gerät war, wie es der Bauer wünschte, oder sich eine mindere Qualität hinter dem annehmbaren Äußeren verbarg. So blieb dem Käufer nichts anderes übrig, als beim

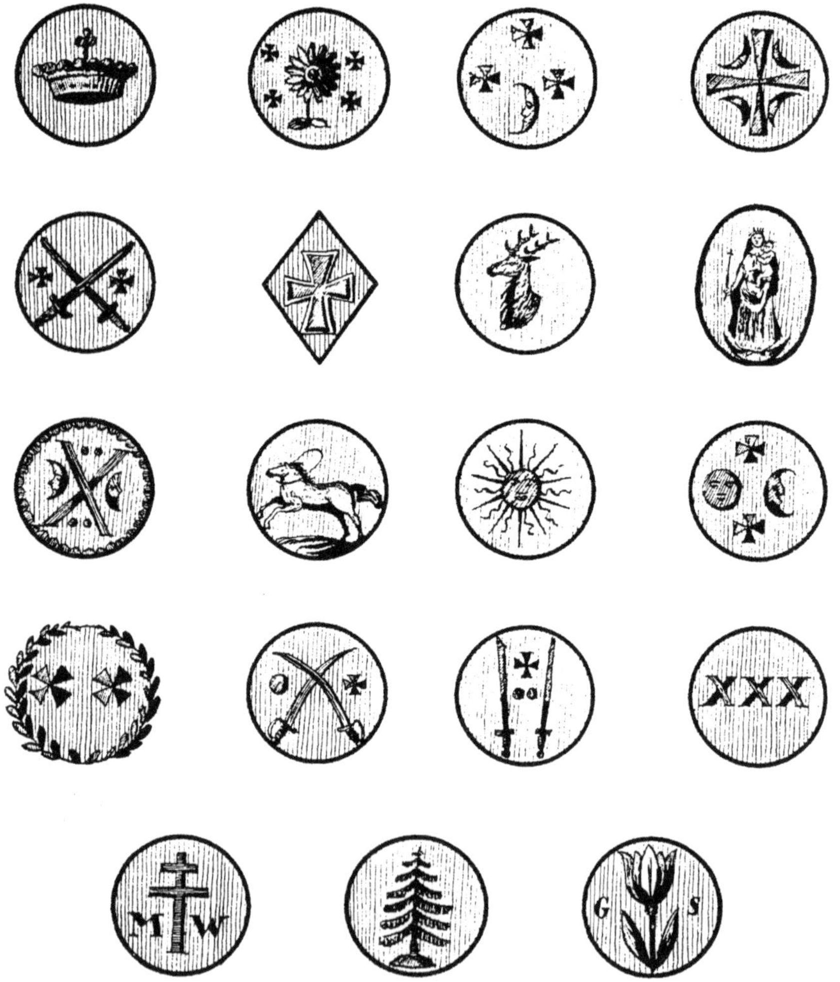

Abb. 15: Verschiedene Sensenzeichen.

Kauf auf die Herkunft aus einer bekannten und guten Werkstatt zu achten. Aus diesem Grund schenkten die Bauern dem Schmiede- oder Meisterzeichen besondere Beachtung, das auf jedem Sensenblatt während des Schmiedens auf die noch glühende Hamme geschlagen wurde. Wenn sich eine gute Sense bewährt hatte, versuchte man stets, die gleiche Marke wieder zu bekommen.
Manche dieser Zeichen waren selbst überregional so angesehen, dass man den Kauf von Sensenblättern mit anderen Zeichen überhaupt nicht in Betracht zog. Obwohl das Zeichenschlagen geregelt war und jede Sensenschmiede ihr eigenes Zeichen besaß und dieses allein verwenden durfte, kam es doch immer wieder vor, dass die Zeichen gefragter Marken von der Konkurrenz nachgeschlagen wurden, um den eigenen Absatz zu vergrößern. Aus diesem Mißbrauch ergaben sich im 18. und 19. Jahrhundert viele Streitereien vor allem zwischen Österreich und Preußen, aber auch zwischen Deutschland und Frankreich.
Um der Nachahmung der Sensenzeichen Einhalt zu gebieten und um weiteren wirtschaftlichen Schaden von den Sensenschmieden abzuwenden hatte Kaiser Josef II. 1776 den österreichischen Sensenschmieden das Privileg erteilt, dem Meisterzeichen noch das österreichische Erblandswappen beizufügen, in der Annahme, dass in anderen Staaten es niemand wagen würde, ein solches Hoheitszeichen nachzuahmen. 1782 wurde dieser zweite Beischlag den Mitgliedern der Zunft ausdrücklich zur Pflicht gemacht, aber die daran geknüpfte Erwartung trog und der Absatz der österreichischen Sensenblätter wurde weiterhin durch die Nachahmung ausländischer Konkurrenten geschädigt.

Der Sensenstiel

Die Wandlungen des Sensenstieles waren nicht weniger vielseitig und in ihren Auswirkungen auf die Handhabung des Gerätes noch weitaus größer als die oben angesprochenen Formveränderungen des Sensenblattes.
Frühgeschichtliche Sensenstiele haben sich wegen der Vergänglichkeit des Holzes bis auf die Funde im Neuenburger See nicht erhalten. Lediglich die Form der Sensenblätter und der eisernen Befestigungszwingen lassen gewisse Rückschlüsse auf ihre vermutliche Gestalt zu. Den Zwingen nach

zu urteilen hatten die Sensenstiele der Latene- und der römischen Kaiserzeit ungefähr dieselbe Stärke wie die heute gebräuchlichen besessen. Dass der Übergang vom kurzen Griffstock zum langen Sensenstiel bereits in der vorchristlichen Zeit erfolgte, geht aus einem Relief auf einem spätrömischen Grabstein von Arlon in Südbelgien hervor. Das Relief zeigt einen über eine Wiese schreitenden Mäher, der unter dem linken Arm eine Sense mit kurzem Blatt und langem, leicht gekrümmten Sensenstiel trägt.

Abb. 16: Mäher mit Sensen am langen Sensenstiel.

Im Mittelalter wurden die Darstellungen von Mähern und Sensen immer häufiger. Solche Bilder finden sich in einer ganzen Reihe alter Handschriften, Kalenderbildern, Bodenmosaiken, Kirchenfenstern und als Relief vor allem in italienischen und französichen Kirchen. Die älteren Darstellungen aus dem 9. bis 11. Jahrhundert zeigen überwiegend gekrümmte Sensenstiele ohne Griffe. Doch waren auch schon im 9. Jahrhundert Sensenstiele mit einem Handgriff bekannt. Die Sense mit einem Griff ermöglichte es dem Mäher mit ausgestrecktem Arm den Mähschwung auszuführen und so eine größere Schnittbreite zu erzielen. Neben den Sensen mit gekrümmtem Stiel finden sich seit dem 11. Jahrhundert in zunehmendem Maße Sensen mit geradem Stiel. Sie besitzen gewöhnlich einen Griff, seit dem 12. Jahrhundert auch zwei Griffe. Die überwiegende Zahl der dargestellten Sensen mit zwei Griffen gehörte zu den Sensen mit Armstütze die eine besondere Art der Handhabung erforderte.

Die Sense mit Armstütze bestand aus einen langen, geraden Sensenstiel mit zwei gegenständigen Griffen in der Mitte des Sensenstieles. Der Griff für die rechte Hand befand sich auf der Oberseite des Sensenstieles, der

Griff für die linke Hand saß auf einer langen Krücke an der Unterseite, während das obere Ende des Sensenstieles von der linken Armbeuge oder der Schulter gestützt wurde. Die Handhabung dieses Sensenstieles bedingt das sogenannte „Mähen mit dem Körper", das heißt, dass der Oberkörper bei jedem Schwung der Sense mitgewendet wurde, weil die Bewegungsfreiheit des linken Armes durch den aufliegenden Sensenstiel eingeschränkt war und statt seiner der ganze Oberkörper der Sense den bogenförmigen Schwung geben mußte. Bei Sensen ohne Armstütz wird dagegen die Hauptarbeit von den Armen geleistet, während der Oberkörper die Bewegung der Arme lediglich durch eine leichte Drehung in den Hüften unterstützt.

Abb. 17: Mäher mit Armstütz.

Das Mähen mit Armstütze hatte den Vorteil, dass die Sense gleichmäßig geführt werden konnte, schränkte andererseits jedoch den Radius des Mähschnittes erheblich ein und forderte durch die stärkere physiche Belastung häufigere Mähpausen. Eine Vielzahl von Darstellungen zeigen, dass dies die im Hochmittelalter, bis ins 14. Jahrhundert hinein, allgemein gebräuchliche Art des Mähens war. Noch in der ersten Hälfte des 20. Jahrhunderts waren Sensenstiele mit Armstütz in Nordeuropa, besonders in Schweden und Estland im Gebrauch.

Im 15. Jahrhundert tritt eine neue Stielform an die Seite der bis dahin gebräuchlichen. Der spätmittelalterliche Sensenstiel ist verhältnismäßig kurz, entweder gerade oder einfach bzw. schwach S-förmig gekrümmt. Der Griff für die linke Hand saß, gewöhnlich in Form einer Krücke, auf dem oberen Ende des Stieles. An die Stelle des einfachen geraden Griffes für die rechte Hand traten hakenförmige Griffe oder solche mit einer Krücke auf einem kurzen oder langen Stiel. Mit dem Wegfall der Armstütze wird die Sense nun von den Händen gehalten und schwingt frei vor dem Körper,

wie dies auch in der Gegenwart die allgemein übliche Handhabung der Sense beim Mähen ist.
Sowohl die neuartigen Griffformen als auch der mit dem Fortfall der Armstütze verbundene Wandel in der Führung der Sense blieben nicht ohne Rückwirkung auf die auch weiterhin benutzten Sensen mit Armstütze, so dass sich seit dem späten Mittelalter eine immer größere Vielfalt an Sensenstielformen herausbildete. Neben den Sensen mit aufgesetzter Griffkrücke herrschte im europäischen Sensenverbreitungsgebiet eine außerordentliche Vielfalt an Sensenstielvarianten, die zum Teil in älteren Formen wurzeln oder aber auch regional gebundene Sonderformen darstellten.

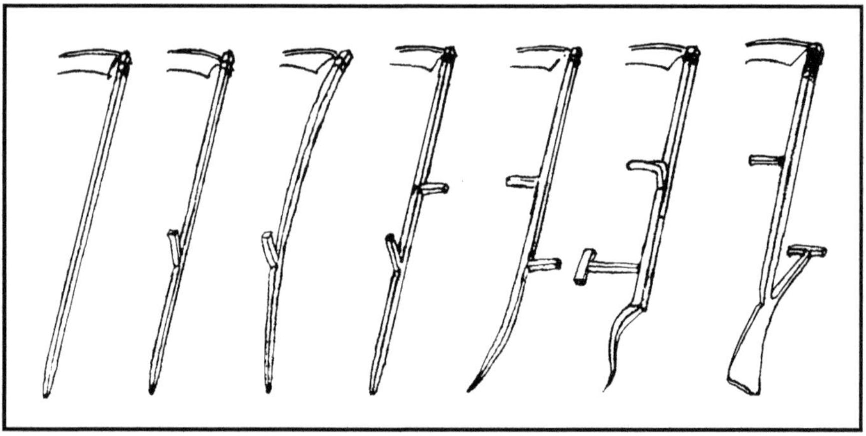

Abb. 18: Darstellung verschiedener Sensenstiele.

Nicht selten von Dorf zu Dorf verschieden, waren gerade, gebogene und geschweifte Sensenstiele in unterschiedlicher Länge und den verschiedensten Griffvarianten im Gebrauch. Dafür gibt es folgende Erklärung: Ursprünglich hatte jeder Bauer während des Winters seinen Sensenstiel selbst angefertigt. Ende des vorigen Jahrhunderts wurde es immer mehr Brauch, Sensenstiele beim Handwerker herstellen zu lassen. Das waren Stellmacher oder Wagner, in manchen Gegenden aber auch Rechenmacher, Sensenstielmacher, Leitermacher und Spezialbetriebe. Diese hatten über Winter als Füllarbeit Sensenstiele auf Vorrat hergestellt. Aus der Vielzahl der Hersteller resultiert auch die Vielzahl der Formen und die unterschiedliche Anordnung und Befestigung der Griffe.

Wann die ersten Sensenstiele aus Metall aufgekommen sind, ließ sich nicht genau feststellen. Stahlrohrsensenstiele waren jedoch schon vor 1914 bekannt. Es waren dies Sensenstiele aus rundem oder flachovalem Rohr als gerader oder gebogener Sensenstiel mit angeschweißten Metallgriffen oder verstellbaren Holzgriffen. Anstelle des schweren Stahlrohres sind heute vorwiegend Sensenstiele aus Leichtmetall in gerader und gebogener Form mit Holzgriffen und Längen von 140 bis 160 cm im Handel erhältlich.
Die regionalen Unterschiede in der Form der Sensenstiele spiegelte sich auch in der Sprache wieder. Der Begriff „Sensenbaum" war überall im deutschsprachigen Raum verständlich, daneben gab es aber zahlreiche mundartliche und lokale Bezeichnungen wie: Sensenwurf, Worb, Warf, Wurf, Sensenworb, Brustwurf, Sensenstiel.

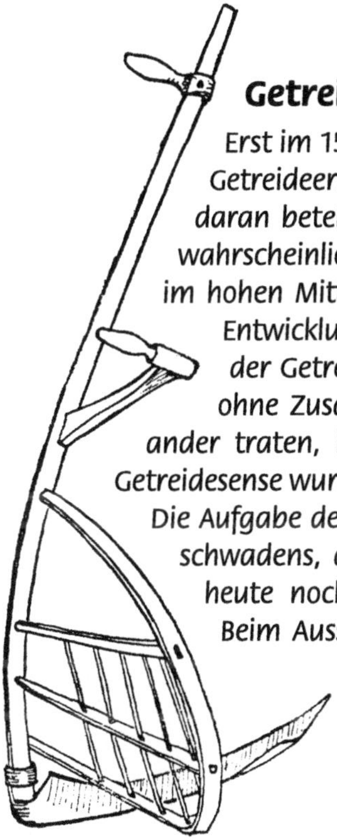

Getreidesensen

Erst im 15. Jahrhundert setzte sich die Sense auch bei der Getreideernte gegenüber der Sichel durch. Maßgeblich daran beteiligt war ein Sensenzubehör dessen Entstehung wahrscheinlich eng mit der Entwicklung der Wiesenkultur im hohen Mittelalter zusammen hängt. Die Entstehung und Entwicklung des Reffs und der Gebrauch der Sense bei der Getreidemahd sind zwei Vorgänge, die ursprünglich ohne Zusammenhang, bald in enge Verbindung miteinander traten, indem das Reff ein wichtiger Bestandteil der Getreidesense wurde.
Die Aufgabe des Reffs erklärt sich aus der Methode des Ausschwadens, die als die ursprüngliche und für das Gras heute noch gebräuchliche Art des Mähens darstellt. Beim Ausschwaden wird das rechts vor dem Mäher stehende Gras durch den Schnitt der Sense nach links hinüberbefördert und dort in einer langen Reihe abgelegt. Solange das Gras kurz und nicht zu dicht gewachsen ist, bedarf es keines Reffs, weil die Halme von der Klingenoberseite und dem unteren Stielende mitgetragen werden. Dagegen bereitet das Mähen

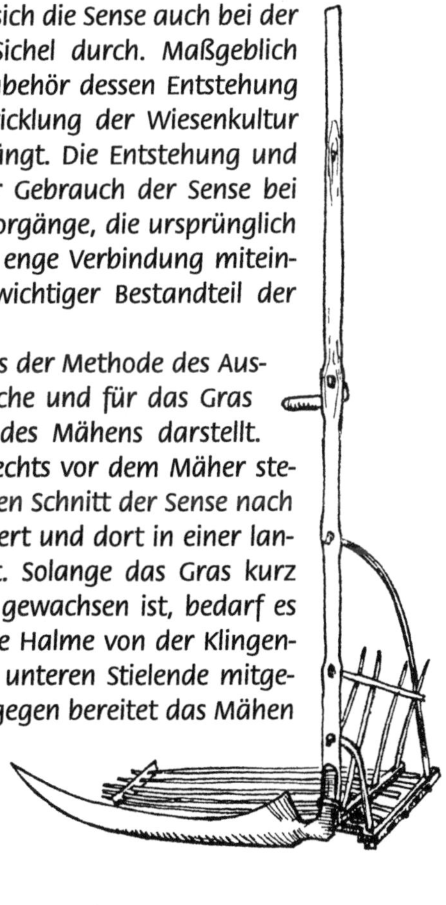

Abb. 19:
Sensenstiele mit Reff.

längerer Pflanzen Schwierigkeiten, weil sich langes Mähgut von ungeübten Mähern schlecht in ordentliche Schwaden bringen läßt. Es lag also nahe, eine Vorrichtung zu ersinnen, mit deren Hilfe die abgeschnittenen Halme zusammengerafft und auf die linke Seite des Mähers hinüberbefördert werden konnten, bevor die Sense nach rechts zurückschwingt.

Die Form des Reffs ist entsprechend der unterschiedlichen Länge und Art des Mähgutes sehr verschieden, außerdem hat sie im Laufe der Jahrhunderte manche Änderung erfahren. Bis in die Hälfte des 20. Jahrhunderts waren vornehmlich zwei Reffformen im Gebrauch.

Das Bogenreff

Das Bogenreffbestand aus mehreren Bügeln aus Weidenruten, Draht oder dünnen Holzleisten, die auf der Oberseite des Baumes, dicht am Blattansatz befestigt waren und zusätzlich untereinander verstrebt wurden. Oft wurde das Reff mit einem Tuch oder feinem Maschendraht bespannt.

Abb. 20: Mäher mit Bogenreff.

Das Zahnreff

Das Zahnreff war wesentlich größer und schwerer als das Bogenreff und wurde nur zum Mähen von Getreide benutzt. Es bestand aus drei bis fünf langen, hakenartigen Zähnen aus Holz, die untereinander verstrebt, hochkant über dem Sensenstiel standen. Die Zähne waren entweder gleichlang oder wurden zum Sensenblatt hin kürzer.

Abb. 21: Schnitter mit Zahnreff.

Neben diesen beiden Reffformen gab es eine Vielzahl regionaler Sonderformen. Die einfachste Form bestand aus einem verzweigten Ast, der auf der Baumoberseite befestigt wurde. Eine andere einfache Form bestand aus einem dünnen, rechteckigen Brett, das am Sensenstiel festgenagelt wurde. Bei einer einem Segel ähnelnden Reffform wurde ein hufeisenförmiger hölzerner Rahmen mit Tuch gespannt.
Viele Gesichtspunkte trafen beim Gebrauch der Sense zur Getreidemahd zusammen, von denen einige hier kurz angesprochen werden sollen. Mit dem Reff erhöhte sich die Arbeitsleistung der Sense gegenüber der

Sichel. Die mit ihr verbundene Möglichkeit, die Frucht in erheblich kürzerer Zeit einzubringen, war der wesentliche Grund zum Gebrauch der Getreidesense. Das Reff selbst erfüllte dabei nur eine, wenn auch wesentliche Voraussetzung, um die Sense zum Getreidemähen verwendungsfähig zu machen, indem es ermöglichte, die langen Halme in ordentliche Schwaden zu bringen, was beim Sichelschneiden keine Mühe bereitete aber besonders wichtig war, weil es beim Ausdreschen mit dem Dreschflegel darauf ankam, dass die Ähren sich möglichst gleichmäßig in einer Höhe befanden.

Ein Argument, das immer wieder gegen die Sensenmahd und für den Sichelschnitt angeführt wurde, war, dass die Halme beim Mähen mit der Getreidesense verhältnismäßig stark erschüttert würden, so dass vor allem bei voll ausgereifter Frucht die Körner leicht ausfallen und verloren gingen. Beim Sichelschnitt dagegen trat weniger Körnerverlust ein, weil die Halme von der linken Hand gehalten und sofort in Gelege gebracht wurden. Wie groß der Körnerverlust war, hing einerseits von der Geschicklichkeit des Mähers und andererseits vom Reifegrad des Getreides ab. Daraus resultierte eine Erntemethode, die erst durch den Gebrauch der Sense bei der Getreidemahd an Bedeutung gewann. Beim Mähen mit der Sense empfahl es sich kurz vor der völligen Reife zu ernten und das Getreide nach dem Schnitt nachreifen zu lassen.

Auch die Höhe der stehenbleibenden Stoppeln spielte eine Rolle beim Für und Wider den Gebrauch der Sense. Das mit der Sensenmahd verbundene lange Stroh erforderte mehr Speicherraum, lieferte aber auch mehr Streu und Viehfutter, zumal die Sense die niedrigen, zwischen den Halmen wachsenden Grünkräuter mitnahm. Andererseits verzögerten diese Kräuter das rasche Trocknen der Garben, und ihre Samen gelangten beim Dreschen zwischen das Getreide und verunreinigten es.

Die beim Schneiden mit der Sichel stehengebliebenen überlangen Stoppeln waren nicht nur eine gute Unterlage, wenn die Garben zum Trocknen ausgebreitet wurden, sondern sie hielten auch den Boden im Winter locker und dienten, abgebrannt oder untergepflügt, als Dünger, was besonders vor Erfindung des Kunstdüngers eine Rolle spielte. Kurze Stoppeln verbesserten dagegen die Stoppelweidemöglichkeiten, weil andere Pflanzen schneller nachwachsen konnten und die Weidetiere nicht durch die stehengebliebenen Halme am Fressen gehindert wurden.

Sensenbefestigungen

Zur Befestigung des Sensenblattes am Sensenstiel dienten seit dem Auftreten der Hausensen eiserne Zwingen mit vierkantigem oder steigbügelförmigem Querschnitt. Daneben werden wohl aber auch Umschnürungen aus Leder und reißfesten Pflanzenfasern aller Art verwendet worden sein, welche sich wegen der Vergänglichkeit des Materials nicht mehr nachweisen lassen. In der römischen Kaiserzeit gewinnt die Befestigung mit Hilfe von Nieten und Nägeln weite Verbreitung. Eine Methode die sich jedoch nicht bewährte, da zum einen das Sensenblatt nicht mehr ohne großen Aufwand vom Sensenstiel genommen werden konnte, und zum anderen, weil sich das Sensenblatt nicht verstellen ließ.

Abb. 22: Verschiedene Sensenringe

Bis zum Ende des 19. Jahrhunderts wurden Sensen und Sichten mit Hilfe eines einfachen Sensenringes unter zu Hilfenahme kleiner Holz- oder Metallkeile am Sensenbaum befestigt. Der Vorläufer unserer heutigen Sensenringe und erste wesentliche Verbesserung war der Sensenring mit Ringschraube.

In den Sensenring war ein Gewinde geschnitten, in das eine Ringschraube eingedreht wurde. Die Ringschraube hatte den Vorteil, dass sie mit jedem spitzen Eisenstück nachgezogen werden konnte, wenn der Sensenring sich gelockert hatte. Nachteilig war nur, dass sich an der Ringschraube leicht allerlei Halme festhängen konnten, die den Schwung der Sense beim

Mähen bremsten. Neben den danach aufkommenden Sensenringen mit Vierkantschrauben, wie sie heute noch üblich sind, kamen alljährlich Dutzende längst vergessener Sensenbefestigungen in den Handel. Aus diesem Eldorado für Erfinder möchte ich an dieser Stelle lediglich auf das Sensenschloß „Fledermaus" näher eingehen. Bemerkenswert ist an diesem Sensenschloß, dass man jede beliebige Sense an jedem Baum befestigen konnte. Zum Befestigen und Anstellen des Blattes war kein Schlüssel oder Werkzeug nötig. Abnehmen und Einsetzen war einfach gelöst und zum Transport konnte das Sensenblatt zum Sensenstiel hin umgeklappt werden.

Das Sensenschloß Fledermaus bestand aus einer Federstahl-Anschlagplatte, die durch eine Feststellschraube (a) fest mit dem Baum verbunden wurde. Die Anschlagplatte hatte zwei Federlaschen, welche die Aufgabe hatten, die Sense festzuhalten. In der Anschlagplatte war ein rundes Loch (b) zum Einführen der Sensenwarze, die dazu passend gefeilt werden mußte. Dann konnte man die Warze einsetzen, wozu die Sense fast rechtwinklig zum Stiel gehalten werden mußte. Dann schwenkte man das Sensenblatt zum Stiel, wobei sich die Hamme unter die Federlasche schob. Wenn man nun die Sense hochklappte, schob sich die Hamme unter die Federlasche und stand fest. Mit Hilfe einer Feinstellschraube (d) als Anschlag konnte die Stellung des Sensenblattes korrigiert werden. Eine weitere Verstellmöglichkeit gab der Schlitz (c). Mit einer Holzschraube konnte hier die Stellung der Anschlagplatte verändert werden.

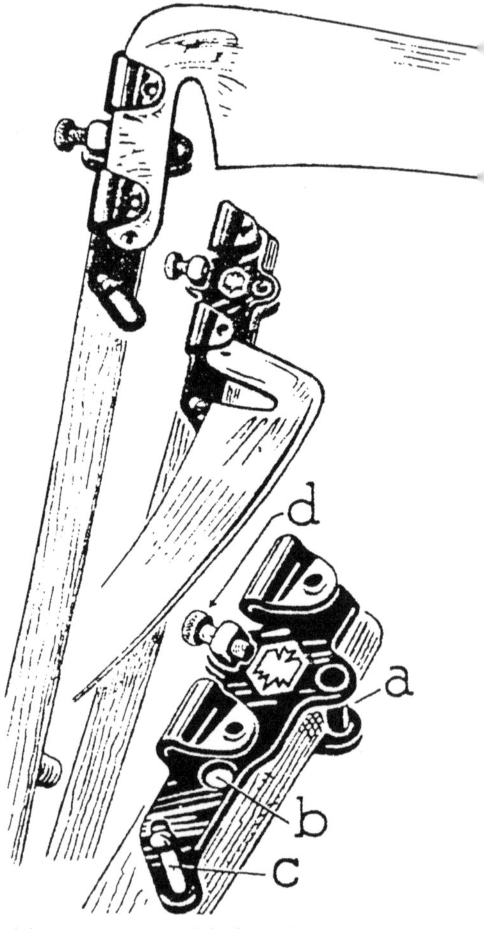

Abb. 23: Sensenschloß Fledermaus.

Sensenschützer

Dass eine Sense ein gefährliches Gerät sein kann, bemerkte man spätestens, als Mäher mit der geschulterten Sense auf dem Fahrrad zur Heuernte fuhren. Deshalb hatten in den 20er Jahren des letzten Jahrhunderts die Unfallberufsgenossenschaften verlangt, dass Sensen beim Transport auf öffentlichen Wegen geschützt werden müßten. Es genügte, wenn das Sensenblatt in einen Sack eingewickelt wurde. Erst Anfang der 30er Jahre wurden paßgenaue Sensenschützer allgemein üblich, als auf Drängen der Berufsgenossenschaften das Tragen ungeschützter Sensen unter Polizeistrafe gestellt wurde.

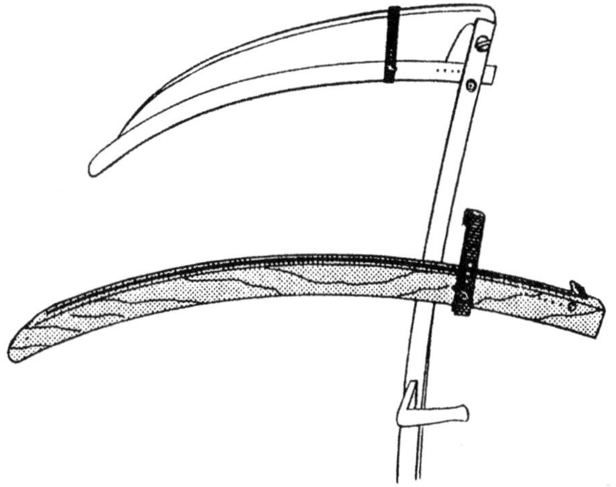

Abb. 24: Sensenschützer.

Dessen ungeachtet wurden schon vor 1900 Sensenschützer angeboten. Die ersten Sensenschützer waren aus Holz und sollten vor allem die Schneide der Sense vor Beschädigungen schützen. In eine gebogene Holzschiene war dazu ein Schlitz eingefräßt. Es folgten dann Sensenschützer aus Blech in vielerlei Ausführungen, manchmal war eine Einlage aus Holz vorhanden, um die Schneide zu schonen. Es gab auch Sensenschützer aus dicken Kokosstricken, die mit Federklammern angebracht wurden. Ein Nachteil all dieser Schutzvorrichtungen war, dass jede Sensenblattform eine passende Ausführung verlangte.

Ein Sensenschützer, der sowohl die Schneide des Sensenblattes wie den Menschen vor Verletzungen schützt, der sich jeder Sensenlänge und jedem Zirkel anpasst, sich leicht anlegen und abnehmen lässt und trotzdem sicher sitzt, war der Sensenschützer aus Gummiprofil, der um 1930 aufkam. Er bestand aus einem U-förmigen Profilgummi, das mit Federklammern an der Schneide befestigt wurde. Bei einigen Modellen war zusätzlich noch eine Blechkappe für die Sensenspitze vorgesehen. Er war für alle Sensenformen und Sichten geeignet. Während des Mähens konnte der Gummisensenschutz in die Hosentasche gesteckt werden.

Dengeln und Geradrichten

Sensen kamen früher ungedengelt, das heißt nicht mähfertig, in den Handel, obwohl es in jeder Sensenfabrik möglich gewesen wäre, Sensen auf den dort vorhandenen Maschinen zu dengeln. Mähfertige Sensenblätter wurden nur auf Bestellung und gegen Aufpreis gefertigt und ausgeliefert.

Dieser Umstand verlangte, dass jeder Bauer an seiner Sense zuerst eine dünne, messerartige Schneide herstellen mußte. Dieser Arbeitsvorgang lehnt sich in der Technik an das Schmieden mit Hammer und Amboß an und wurde landläufig als „Dengeln" oder „Klopfen" bezeichnet. Zum Dengeln hatte man einen Dengelstock, mit Amboß, der immer einsatzbereit sein mußte. Dafür gab es verschiedene Lösungen. Wo es geeignete Steine gab, verwendete man Steinblöcke, etwa 30 bis 50 cm hoch und ca. 60 cm lang, auf welchem der Dengler zugleich sitzen konnte. Für den Amboß wurde ein keilförmiges Loch in den Steinblock gemeißelt. Darin wurde der Amboß mit Holz fest verkeilt, so dass der Dengelschlag zog. In waldreichen Gegenden dienten häufig Stämme, Baumscheiben oder Wurzelstöcke als Dengelstöcke.

Nicht nur eine neue Sense wurde gedengelt, sondern auch jede andere im Gebrauch befindliche Sense mußte regelmäßig gedengelt werden, um die beim Mähen entstandene Abnut-

Abb. 25:
Bauer beim Dengeln.

zung der Schneide auszugleichen. Auch größere Beschädigungen des Blattes konnten mit Hammer und Amboß behoben werden. Man nannte diesen Arbeitsvorgang „Geradrichten", denn nicht selten, traf das Sensenblatt auf einen im Gras verborgenen Stein oder einen Baumstumpf, so dass ein Teil der Schneide sich verbog oder Risse bekam. Dann war das Dengeln die einzige Methode, um solche Schäden am Sensenblatt zu beheben.
Da das Dengeln zuweilen eine zeitaufwendige und schwierige Arbeit war, die handwerkliche Präzision erforderte, gab es bereits im 19. Jahrhundert Bemühungen, diese Arbeit zu mechanisieren. Mit Dengelapparaten versuchte man die Handarbeit nachzuahmen und zu ersetzen. Der Erfindungsreichtum kannte keine Grenzen und so versuchte man mit einer ganzen Reihe verschiedenster Hämmervorrichtungen auch dem handwerklich Ungeschicktesten das Dengeln zu erleichtern.

Um 1920 kam ein neuartiges System auf. Die Neuerung bestand darin, dass das Sensenblatt nicht durch Hämmern, sondern durch Auswalzen mit Kugeln dünner gemacht wurde. Die in einem Kugelkäfig laufenden Kugeln wurden mit einer Handkurbel in Bewegung gesetzt. Mit Hilfe einer Druckschraube konnte man den Dangel einstellen. Es war dann wesentlich, dass man die Sense bei mäßigem Druck gleichmäßig weiterschob. Gleichzeitig mußte die Kurbel gedreht werden.
Zwar konnten diese Apparate dem Unkundigen das Dengeln erleichtern, bei unsachgemäßer Handhabung konnte man aber auch ein Sensenblatt im Nu unbrauchbar machen. An einen guten, zwischen Amboß und Hammer geschlagenen Dangel konnten all diese Schlag- und Walzapparate nicht heranreichen.

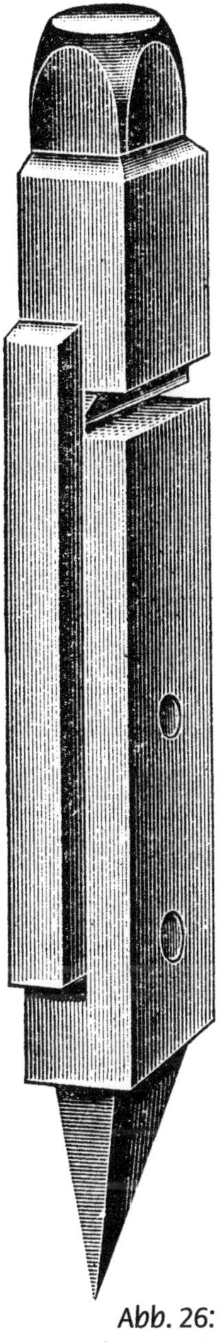

Abb. 26: Dengelapparat.

Das Wetzen mit dem Wetzstein

Die volle Gebrauchsfähigkeit, das heißt, die richtige Schärfe erhält die Sense erst, wenn sie mit einem Wetzstein bestrichen wird. Da die Schneide beim Mähen mit der Zeit an Schärfe verliert, war es seit jeher unerläßlich, dass die Sense auf dem Feld, während des Mähens immer wieder mit dem Wetzstein nachgeschärft wurde. Dieses Wetzen der Sense mit dem Wetzstein gibt in vielen Fällen den Ausschlag für die Arbeitsleistung. Anders gesagt: der gute Mäher wird in der Regel immer auch ein guter Wetzer sein.

Stabartige Wetzsteine aus Schiefer und Sandstein waren seit der Eisenzeit in Gebrauch. Sie konnten nur in angefeuchtetem Zustand benutzt werden und wurden daher in einem mit Wasser gefüllten Kuhhorn oder Holzkumpf beim Mähen am Körper getragen.

Die Bedeutung einer guten, besonders dauerhaften Schärfe der Schneide war so groß, dass vielfach sogar allerlei magische Mittel bemüht und mitunter äußerst skurrile Wege dafür beschritten wurden. Man befeuchtete den Wetzstein mit zauberkräftigem Wetzwasser, legte die Sense in eine für zauberkräftig gehaltene Quelle, behandelte sie mit Zaubersprüchen, oder mit dem Saft von neun verschiedenen Sommerblumen, und glaubte gar, dass die besondere Schärfe durch das Wetzen der Sense mit einer Menschenrippe erzielt werden kann. Umgekehrt schrieb man das Schwinden der Schärfe häufig und vielerorts nicht nur wirklichen, sondern auch übernatürlichen Ursachen zu.

In einer aus Kärnten überlieferten Sage verfolgte das Mißge-

Abb. 27: Mäher beim Wetzen.

schick einen Knecht fort und fort, nie hatte seine Sense eine gute Schneide. Beim Mähen setzten ihm seine Kameraden mit ihren schärferen Sensen hart nach, so dass er sich zu Tode abmühen mußte, um nicht eingeholt zu werden. Da ging der Arme zu einem Schmied im Wald und bat ihn um Abhilfe. Dieser gab ihm eine Sense mit den Worten: „Nimm sie, tangle sie so gut, wie du's imstande bist; nachher versuchs und mäh den Tangl-stock ab. Gelingt es Dir, so hast du eine Sense wie keine weit und breit. Aber wohlgemerkt! Quäle nicht die übrigen Mäher durch allzu schnelles Mähen. Wenn die Sense abgenützt ist und du einer anderen bedarfst, komm wieder; ich werde dann sehen, ob du mir gefolgt hast." Der Knechte dankte und ging. Nach Jahren war die Sense bis auf den Rand abgenützt und der Knecht wanderte wieder nach der Waldschmiede, um eine neue zu erhalten. „Ich will sehen" sprach der Alte, „was du getan", und hieb mit der Spitze dreimal gegen den Amboß. Bei jedem Schlag schrumpfte die Sense zusammen und jedesmal troff Blut aus dem Stahl. „Du hast meinen Rat nicht befolgt", sprach er, „du hast deine Kameraden hart-gemäht. Schau her, auf die Blutstropfen". Der Knecht mußte unverrichteter Dinge von dannen ziehen und solange er Mäher war, sich mit einer schlecht schneidenden Sense plagen.
In dieser Erzählung ist der Schmied zum außerweltlichen Helfer mythisiert. Dieser hilft dem hilfebedürftigen „Helden" unter einer Bedingung, die dieser nicht einhält, weshalb ihm die Hilfe wieder entzogen wird, so dass er schließlich so arm ist wie zuvor. Nichthartmähendürfen der Kameraden beruht auf der christlichen Arbeitsethik, wie das Einhalten der Arbeitszeit oder der Sonntagsruhe.

Aus Südtirol ist folgende Mähersage überliefert: Ein geiziger Bauer ging schon vor dem Morgenläuten allein auf die Wiese, um den Mähern voraus zu arbeiten. Kaum hatte er aber angefangen zu mähen, hörte er die Sense eines anderen hinter sich sausen. Er hielt deshalb inne, da hielt auch der Hintermann Rast. Kaum schwang er aber neuerdings die Sense, als auch der unheimliche Kamerad wieder mähte. Der Bauer wußte vor Angst und Furcht nicht, was er anfangen sollte. Da krähte der Hahn, und eine furchtbare Stimme rief:

„Hätte der Hahn nicht gekräht,
Hätt ich dir die Füße abgemäht!"

Der gespenstische Hintermann ist kein Helfer, sondern im Gegenteil, eine Verkörperung des Gefährlichen, das in dem Schnittgerät lebt und als Hüter der Arbeitszeit auftritt: wie der Kärntner Mäher seine Kameraden durch die gute Schneide nicht übervorteilen sollte, so der geizige Bauer hier nicht durch sein Überschreiten der Arbeitszeit. Bewähren sollen sich beide nur unter gleichen Bedingungen. Diese in vielen anderen Geschichten immer wieder angesprochene Arbeitsethik ist im Hinblick auf die Mahd besonders einleuchtend. Denn hier kann sich die Wettarbeit tatsächlich so sehr entfalten wie kaum anderswo im bäuerlichem Bereich.

Derartiges Wettmähen gibt es heute noch in den Alpenländern als rein sportliches Wettkampfvergnügen. In früheren Zeiten war das Wettmähen ein bäuerlicher Brauch auch zur Grenzbestimmung, um unklare Besitzverhältnisse zu klären; darauf deutet beispielsweise eine holsteinische Sage. Drei Söhne waren erbberechtigt, und ein Wettmähen bei der ersten Mahd sollte den Entscheid über das künftige Besitzverhältnis bringen. Die drei Brüder mähten gleich schnell und erschlugen dann einander aus Wut mit den Sensen.

Der österreichischen Namensage „der Fluchwiese von Mariazell" nach, soll das steinige Feld einst die schönste Wiese in der ganzen Umgebung gewesen sein. Ihr letzter Besitzer hinterließ sie seinen beiden Söhnen. Von diesen wollte jeder die Wiese für sich allein haben. Sie kamen überein, ihren Streit auf der Wiese selbst zu entscheiden. Jeder von beiden sollte

Abb. 28: Mähen einer Wiese.

von einer anderen Seite der Wiese her zu mähen anfangen, und derjenige, welcher beim Mähen zuerst über die Hälfte der Wiese hinauskommen würde, sollte die Wiese als Eigentümer erhalten. Sie begannen gleichzeitig zu mähen, jedoch war keiner schneller als der andere. Daher trafen sie genau in der Mitte des Grundstücks zusammen, gerieten darüber in Zorn und schlugen mit den Sensen aufeinander los, dass sie beide das Leben verloren. Seither soll ein Fluch über der Wiese liegen.

Das Wetzholz

Für das Schärfen der Sense wurden in Norddeutschland zwei anscheinend synonyme Ausdrücke verwendet, nämlich streichen und wetzen. Die beiden Ausdrücke beziehen sich jedoch nicht auf die gleichen Geräte: das Wetzen ist das Schärfen des Schnittgerätes mit dem Wetzstein, das Streichen dagegen das mit dem Wetzholz. Wetzhölzer waren von Ostfrankreich entlang der Kanalküste, an einem schmalen Küstensaum entlang bis nach Mecklenburg, Pommern den baltischen Staaten und in Skandinavien verbreitet.

Abb. 29: Schnitter mit Wetzholz.

Es handelte sich dabei um ein längliches Stück Holz, etwa 30 cm lang und zwei Finger breit, in Form eines flachen Brettchens mit abgesetztem Handgriff. Die Streichfläche des Wetzholzes wurde ein- oder beidseitig entweder mit Teer oder Harz als Klebemittel bestrichen und dann mit grobem Sand überzogen, oder in die Streichfläche waren gekreuzte Rillen oder Löchern eingekerbt, in die der Sand eingedrückt wurde.
Der zum Wetzen nötige Sand wurde in einem Kuhhorn, einem Säckchen oder Holzkumpf mitgeführt. Beim Wetzen wurde das Wetzholz ebenso wie der Wetzstein mit raschen, zur Blattspitze gerichteten Strichen abwechselnd auf beiden Seiten der Schneide entlanggeführt.

Wetzsteinbehälter

Der Wetzstein gibt der Sense die beim Mähen verlorene Schärfe wieder. Um diesen jederzeit beim Mähen zur Hand zu haben, wurde der Wetzstein vom Mäher in einem köcherähnlichen Behälter an einem Gurt oder einem Tragehaken an der Hüfte getragen.

„Es netze den Stein das Horn“,

lautet die Runeninschrift auf einem Wetzstein, der in Norwegen gefunden wurde und aus dem 6. Jahrhundert nach Christus stammt. Bemerkenswert ist daran, dass die als Wetzsteinbehälter verwendeten Rinderhörner nicht als bloße Tragebehältnisse verstanden wurden, sondern vor allem als Wassergefäße, die den Wetzstein feucht halten sollten.
Der Wetzsteinbehälter aus dem Rinderhorn war über ganz Europa verbreitet. Als Behälter für Wetzsteine und Wasser boten sich Rinderhörner geradezu an, denn solch ein Naturhorn ist leicht, wasserdicht und hat einen hinreichend großen Hohlraum. Am besten eignen sich dazu gerade Hörner, aber auch sichelförmig gebogene Hörner fanden diesbezüglich Verwendung, obwohl sie für die Aufbewahrung des geraden Wetzsteins kaum zweckmäßig erscheinen.
Gebräuchlich waren in der Vergangenheit Wetzsteinbecher aus Horn, Holz und Blech und wurden im Volksmund Wetzkübel, Wetzefaß, Kochert, Wetztille oder Schlutterfaß genannt. Am verbreitesten war die Bezeichnung „Kumpf“.

Abb. 30: Verschiedene Wetzsteinbecher.

Der hölzerne Kumpf ist der Kumpf im eigentlichen Sinn. Auf ihn, den Behälter aus dem stehenden Holz, wird die Bezeichnung Kumpf hauptsächlich angewendet. Kumpfe wurden aus Weichhölzern und Harthölzern gefertigt. Die Formen der Kumpfe waren äußerst vielfältig. Gestaltlich lassen sich aus der Fülle zwei Gruppen herauslösen: die gerundeten und die kantigen Formen.
Auf dem Juliholzschnitt des „Teutschen Kalenders", der um 1480 in Augsburg gedruckt wurde, steckt am Feldrain neben dem Schnitter ein Kumpf im Boden. Es ist ein dickwandiger Holzkumpf mit einer bauchigen Rundung von dem zylindrisch Oberteil in den kegelförmigen Unterteil übergehend. Der Kegelteil endet in einer abgesetzten Spitze, die in den Boden eingestoßen werden kann, ein für den größten Teil der runden Holzkumpfe charakteristisches Merkmal. Die Spitze diente dazu, das bei Mähpausen der Wetzsteinbecher neben der Sense in den Boden gesteckt und das Wasser nicht auslaufen konnte. In Südtirol und der Schweiz waren beträchtlich größere Kumpfe im Gebrauch bei denen der Mittelteil krugartig erweitert und meist mit einer plastischen Schnitzarbeit fein verziert war.
In Skandinavien und dem Baltikum waren neben Hörner geflochtene Behälter aus Birkenrinde üblich. Es waren dies Behältnisse für den Sand zum Bestreuen der oben erwähnten Wetzhölzer. Beim Aufkommen der Wetzsteine in den betreffenden Landschaften wurden die geflochtenen Behälter dort zunächst noch beibehalten, allmählich aber von den wasserdichten Kumpfen verdrängt.
Wetzsteinbecher aus Blech sind vor 1914 aufgekommen. Um 1922 kamen dann verzinkte Wetzsteinbecher aus Stahlblech auf. Die gängigste Form war spitzoval, länglich und hatte einen spitzovalen Querschnitt. Sie bestanden aus 2 Schalen die am Rand zusammengebördelt wurden. Diese Wetzsteinbecher aus Blech waren billig, leicht und haltbar und hatten einen ausreichend großen Hohlraum.

Sensenscheiden

Auf das Sensenblatt und die Erhaltung der Schärfe der Schneide wurde in vergangenen Zeiten besonders geachtet. In vielen Regionen wurden die kostbaren Sensenblätter in hölzernen Sensenscheiden aufbewahrt. Die Scheiden wurden meist aus Lindenholz geschnitzt und waren mit Riemen zum Festschnallen der Klingen in der Scheide versehen. Die Form der Scheide war dem jeweiligen Schwung der Sensenklinge angepaßt. In Schweden war dies der Sensenschuh der nicht aus Holz, sondern wie in der skandinavischen Gerätekultur so häufig, aus Birkenrindenstreifen geflochten wurde. In vielen Regionen waren die Sensenscheiden schlichte Hilfsgeräte, während sie in anderen Regionen wiederum ein willkommenes Feld, der fantasievollen bäuerlichen Gestaltungskraft waren. Besonders kunstvoll geschmückte Sensenscheiden wurden im Etschtal in Südtirol getragen. Die Scheidenkörper wurde mir Ornamenten, bildlichen oder schriftlichen Darstellungen verziert, während die Scheidenspitze, gotischen Wasserspeiern ähnlich, Tierköpfe mit offenen Mäulern darstellte. Die Art der Aufbewahrung und der „Verzierung" läßt uns ahnen, welche Bedeutung die Sense einst für die Menschen hatte.

Das Mähen mit der Sense

Das Mähen war früher eine Gemeinschaftsarbeit, bei der die Männer der bäuerlichen Großfamilie sammt Gesinde oder die Dorfgemeinschaft, im ersten Morgengrauen zusammenarbeiteten. Im allgemeinen arbeiteten mehrere Mäher gestaffelt hintereinander, so dass eine Wiese in der ganzen Breite in einem Zug gemäht werden konnte. Der Bauer selbst oder der Grossknecht stand an der Spitze. Er mußte ein guter Mäher sein, da er das Arbeits-

Abb. 31: Mähen als Gemeinschaftsarbeit.

tempo bestimmte. Diese Arbeitsweise setzte eine besonders gute Abstimmung unter den Mähern voraus, damit alle im gleichen Rhythmus voranschritten, keiner zurückfiel oder den Vordermann bedrängte.
Der Mann, der mit der Sense mähte war ein „Mäher" oder „Mähder". Wenn Getreide geschnitten wurde, sprach man vom „Schnitter". Gras wurde „gemäht" und Getreide wurde „geschnitten" oder „gehauen". Wenn man an einer Wiese mit dem Mähen begann, sprach man vom „Anmähen". Gräben und Baumscheiben wurden „ausgemäht". Das mit den einzelnen Zügen abgeschnittene Gras wurde auf einen „Schwad" gelegt. Das was gemäht war, nannte man „Mahd". Dies sind die Ausdrücke, die früher allgemein verständlich waren, wenn von der Arbeit mit der Sense die Rede war. Daneben gab es eine Menge lokaler mundartlicher Ausdrücke.
Die einfachste und ursprünglichste Form des Mähens mit der Sense ist das Ausschwaden. In der Regel wurde an einer der Längsseiten des Feldes mit dem Mähen begonnen. Dabei befindet sich das stehende Mähgut auf der rechten Seite vor dem Mäher, das abgeschnittene wird durch den Schwung der Sense auf die schon freigemachte Fläche nach links hinüberbefördert und dort in einer langen Reihe abgelegt, so dass eine Schwade parallel zur nächsten, Reihe um Reihe, niedersinkt. Auf diese Weise konnte das ganze Feld in Schwaden gemäht werden, ohne dass das Abgemähte dem folgenden Mäher im Wege lag und ihn beim Mähen behinderte.

Abb. 32: Radmähen bzw. Wirbelmachen.

Eine besonders kunstvolle Art des Mähens war das sogenannte Rad- oder Schneckenmähen. Der Mäher arbeitete beim Radmähen alleine und begann mit dem Mähen in der Mitte des Feldes. Er begann in der oben beschriebenen Weise des Ausschwadens nach links, gegen den Uhrzeiger, um den Mittelpunkt herumzumähen. Dabei beschrieb er eine immer größer werdende, nach links geöffnete, schneckenförmige Spirale, bis das ganze Feld abgemäht war. Das Radmähen war nicht die einzige Form des Bildermähens.

Abb. 33: Motive des Radmähens.

Was genau der Grund für dieses kunstvolle Bildermähen war, läßt sich heute nicht mehr eindeutig sagen. Zum einen vermutet man dahinter sonnenmythologische Vorstellungen, zum anderen rechnet man das Radmähen zu den Erntebräuchen. Danach wurde zu Beginn der Mahd ein bestimmtes Zeichen, ein Kreuz oder ein Stern aus dem Gras oder Getreide herausgemäht.

Erntebräuche

Dass sich mit der arbeitsintensiven Zeit zu Beginn und Ende der Ernte, insbesondere der Getreideernte, vielerlei Segenswunsch und ein reichhaltiges Brauchtum verband, ist leicht verständlich, hing doch Wohl und Wehe der Menschen davon ab, was ihnen die Natur zum Leben schenkte. Die Menschen dankten auf ihre Weise für all das, was die Natur zur Erntezeit bereithielt. Zwar werden auch heute, vor allem auf dem Lande, noch Erntedankfeste gefeiert, doch ohne Zweifel ist das Fest in eine Krise geraten, sind Sinn und Hintergrund mehr und mehr in Vergessenheit geraten. Die Ernte wird ebenso wie das Leben heute kaum noch als verdanktes Gut gesehen.

Abb. 34: Erntefest.

So *wurden in früheren Zeiten die Erntegeräte vielerorts vor dem ersten Schnitt im morgendlichen Gottesdienst gesegnet. Auf dem Felde schlugen die Bauern, Knechte und Mägde zu Beginn das Kreuz über Sense und Ähren, oder aber sie knieten am Feldrain nieder und beteten für das Gelingen der Ernte. Der Erntebeginn wurde oft in Festtracht begonnen, wobei* die Schnitter und die Schnittgeräte mit Sträußen oder bunten Bändern geschmückt aufs Feld zogen. Bevor mit der eigentlichen Arbeit begonnen wurde, nahmen die Schnitter aus der Ecke des Ackerstückes, das sie zuerst mähen wollten, einige große Ähren heraus, die sie mit Feldblumen zu einem Strauß zusammenbanden und an der Sense befestigten.

Die ersten drei Halme oder die erste und die letzte Garbe hatten besondere Bedeutung. Man bewahrte sie gesondert auf, um daraus Glückshämpfeli, kleine glücksbringende Sträußchen, zu binden. Dieses steckte man zu Hause ans Kruzifix bis zur Ernte im nächsten Jahr. Es sollte Glück für eine neue Ernte bringen. Beim Rundmähen ließ man einige Halme in der Mitte stehen und verflocht die Halme beim Spruch eines Gebetes zu einem Zopf. Dieser Zopf blieb auf dem Felde stehen und wurde später untergepflückt. Im Odenwald knüpfen sich an die Halme in der Mitte des Feldes gleichfalls sehr interessante Vorstellungen. Die Halme, die dort bei den ersten Sensenhieben fielen wurden zusammengebunden, aufgestellt und Hafer- oder Kornmännchen genannt. Manchmal schnitt man sie auch nicht ab, sondern ließ sie stehen und band sie nur zusammen. Die soziale Bedeutung dieser Erntedankbräuche wurde vielerorts dadurch betont, dass die erste Fuhre der Ernte für die Ärmeren der Dorfgemeinschaft bestimmt war.

Ähnlich bedeutsam für das Brauchtum waren auch die letzten zu schneidenen Ähren, denn diesen wurden im Volksglauben besondere Kraft zugeschrieben und als Ernteabschluß von allen Erntehelfern in Gemeinschaftsarbeit geschnitten. Mit dieser letzten Garbe glaubte man einen Geist zu fangen, der in den Feldern wohnte und fröhlich durch das wogende Getreide hüpfte bis dieses geschnitten würde. Dann würde er sich in die letzten verbliebenen Halme flüchten. Bei Karlruhe fing man den Kornmockel, andernorts den Habergeist oder den Kornkater. Nicht selten wurde das Hafermännchen in den Erntekranz geflochten oder als Blitzschutz unter die Dachtraufe gesteckt. Diese letzte Garbe wurde vielerorts als Glücksgarbe gesehen, weil sie die Letzte war und als Vermittlerin zwischen der gerade eingebrachten Ernte und der Ernte des nächsten Jahres stand.

Zum Ende des Kornschnittes wiederholte sich die feierliche Schmückung der Sensen. In der brandenburgischen Altmark zogen die Mäher zum Ernteabschluß mit geschmückten Sensen vor das Herrenhaus. In der Odermark schmückten die Mäher die Sensen mit roten Bändern und überreichten dem Herrn eine Erntekrone. Vor dem Haus dengelten die Schnitter noch einmal ihre Sensen, dann bekamen sie einen Trunk und sprachen ihren Erntespruch. Andernorts versammelten sich die Bauern nach dem Mähen, sanken in die Knie und beteten ein Dankgebet. Dann brachte man die Sensen zum Erklingen und ging singend nach Hause. Andernorts erhoben die Schnitter nach dem letzten Sensenschlag die Sense und stellen sie aufrecht, nahmen den Wetzstein und jeder schlug dreimal damit an seine Sensenklinge. Danach folgte eine Trankspende auf den Acker, ein Schwingen der Hüte, und dann schlugen sie wieder dreimal auf die Sense.

Sensenmusik

In Rodenberg, Westfalen, wurde bis um 1825 die letzte Garbe mit Bier getauft, danach bildeten die Erntearbeiterinnen einen Kreis um die Garbe, während die Mäher sich mit ihren Sensen neben dem Kreis aufstellten. Auf ein Zeichen hin schlugen die Mäher mit ihren Wetzsteinen auf die Sensen und nach dem Takt der Sensenklänge stimmten die im Kreis stehenden Erntehelferinnen ein Erntelied an und tanzten einen Erntereigen.
Der Brauch war bei vielen Erntefesten der gleiche, das mehr oder minder rhytmische Streichen der Sensenklingen durch die Schnitter. Mitunter handelte es sich dabei um ein vorgebliches Streichen der Sense mit dem Wetzholzes, mitunter auch um ein Klopfen mit dem Wetzholz auf den Sensenrücken, was dann ein mehr glockenläutenähnliches Tönen ergab. Dabei konnte sich der Rhytmus vom dreimaligen Schlagen bis zur rhythmischen Begleitung eines Reigentanzes steigern. Auffällig ist die Bindung dieses Musikbrauches an die Verbreitung der Sensenwetzhölzer.
Beim sogenannte Bockfeilen oder Hundaufgeigen handelt es sich um das alpenländische Gegenstück des niederdeutschen Sensenstreichens. Bei diesem Spottbrauch wurde die aufgerichtete Sense mit dem Wetzstein zum Klingen gebracht, indem der Mäher den Wetzstein in schnellen Zügen über den Sensenrücken strich. Das ergibt einen unangenehm kreischenden, weithin hörbaren Ton. Üblich war dieser Sensenlärm bei der Heumahd, und zwar dann, wenn der Mäher rascher vorangekommen war, als ihm die Heuwenderin folgen konnte. Nicht selten revanchierte sich die so weithin verspottete Heuwenderin am nächsten

Tag, indem sie dem Mäher heimlich Seifenwasser in seinen Kumpf füllte, worauf sich die Sense nicht nachschärfen ließ und der Mäher nur langsam vorankam.
Nach getaner Arbeit meldeten die Mäher schon aus der Ferne mit klingenden Sensen ihr Kommen an. Ein Wink für die Frauen, sie mit Speis und Trank zu empfangen.

Die Sense im Brauchtum und Volksglauben

Wie bereits oben angeklungen, nahmen Sense und Sichel angesichts ihrer bedeutsamen Stellung als Ernteschnittgeräte im Denken und Fühlen der mit ihnen arbeitenden bäuerlichen Menschen beträchtlichen Raum ein. Der seit der Jungsteinzeit währende Gebrauch von im wesentlichen zur gleichen Verwendung bestimmten und in gleicher Gestaltgebung hergestellten Schnittgeräte fand in den verschiedensten Kulturen ihren Niederschlag in allerlei Sagen, Bräuchen, mythischen Glaubensvorstellungen bis hin zum finstersten Aberglauben.
Alte, abgenutzte Sensen dienten vielerorts als Vogelscheuchen. Dazu wurde die Sense

Abb. 35: Sense als Vogelscheuche in Baumkrone.

an einer langen Stange mit aufwärtsgerichteter Schneide in der Krone eines Gartenbaumes befestigt. Das blinkende scharfe Eisen hoch über dem Hof sollte Rabenvögel und Raubvögel verscheuchen, besonders den Hühnerhabicht. Andernorts band man eine Sense an einer hohen Stange über den Taubenschlag oder den Hühnerverschlag, um die Vögel gegen Habichte zu schützen – „damit der Geier kein Huhn hole". Mit ähnlichen Vorrichtungen versuchte man auch den Stall und das Vieh zu schützen. In Braunschweig legte man man Sicheln oder Sensenblätter kreuzweise über den Melkeimer oder befestigte ein Sensenblatt über der Stalltür. Bei den Südslawen wurde das Vieh am Heiligen Abend über eine Sense in den Stall getrieben.

Die Sensenklingen in den Obstbaumkronen und den Stallungen sollten nicht nur Vögel abhalten, sondern auch böse Geister abwehren. Die von den Menschen erdachten und gefürchteten Gestalten des Bösen sollten mit den schneidenden Geräten gebannt werden. Da lag es nahe zu glauben, was das Vieh schützt, kann auch dem Menschen nützen. So war es ein weitverbreiteter Brauch, ein altes Sensenblatt auf die Türschwelle zu legen oder am oberen Türsturz zu befestigen. Die der Sense zugeschriebene schützende Kraft wurde nicht nur zur Hexenabwehr, sondern auch zur Hexenerkennung genutzt.

Aus dem Schweizer Kanton Uri sind dazu zwei Sagen überliefert. Die eine besagt, wenn man den Hexen zwei Sensen kreuzweise in den Weg legt, so stolpern sie darüber, und daran könne man sie als Hexen erkennen. In der zweiten Sage aus Sisikon fürchtete man zwei Hexen. Um sie zu überführen, legten ihnen die Nachbarn zwei Sensen kreuzweise vor die Haustür. Die beiden Frauen stolperten tatsächlich und wurden fortan für Hexen gehalten. Aus Oberösterreich ist eine Geschichte überliefert, wo man ebenfalls eine Hexe fürchtete und versuchte sie durch Sensenklingen, die man in einen Weg einscharrte, zu überführen. Es war aber der Pfarrer, der über dieses Hexenhindernis stolperte und sich darüber bitter beschwerte. Die Hexe hatte man nicht entdeckt.

Im Allgäu stellte man unweit vom Haus eine Sense auf, nicht etwa um als Blitzableiter den Blitz anzuziehen, sondern um die im Wetter einherfahrenden Hexen zu verwunden. In Uri legte man eine Sense in die Dachtraufe, um die hagelbrauenden Hexen zu verletzten. In Graubünden hat man in solchen Sturmnächten scharf gewetzte Sensen mit der Schneide nach außen an den bestürmten Wänden der Häuser befestigt, damit die heranfliegenden Hexen sich daran aufspießten.

Ein weiteres Gebiet des magischen Volksglaubens in bezug auf die Sense war der sogenannte Wetterzauber. Wer selbst einmal ein Unwetter in den Hochalpen erlebt hat, wird dies vielleicht nachvollziehen können. Der Wetterzauber hatte zwei Seiten: den Glauben, Wetter machen und Wetter bannen zu können. Das wichtigste Mittel der bäuerlichen Wetterzauberer war das Dengeln, das Klopfen an die Sensenklinge, also eine magische Sensenmusik. In einem Hexenprozeß, der 1575 im österreichischen Bramberg im Oberprinzgau geführt wurde, ist festgehalten, wenn man die Sensen am Samstag dengle, so hagelt es gerne. Im Kanton Uri erzählte man von einem gespenstischen alten Mann, dem Grittschimanndeli, wenn man dessen Dengelmusik erklingen hört, so bricht am Abend des gleichen Tages ein furchtbares Wetter über den Ort herein.
Nach der Devise, was Schaden kann, kann auch heilen, glaubte man, dass die Sense, mit der man das Wetter rufen konnte, es auch wieder vertreiben kann. So ließen in Frankreich die Schnitter ihre Sensen klirren, um das Gewitter zu bannen. Es ist anzunehmen, dass der Glaube, das Wetter mit der Sense rufen und bannen zu können mit der Heuarbeit auf's engste zusammenhängt, welche die Beobachtung des Wetters in weit höherem Ausmaß erfordert, als die meisten anderen bäuerlichen Arbeiten. Dies würde auch die starke Konzentrierung der Sensen-Wetterbräuche auf das Alpengebiet erklären, in dem die Heuarbeit von besonderer Bedeutung war.

Sensengestalten

Wurden in der Antike die Geräte der Ernte, Sense und Sichel, als Sinnbilder der Fruchtbarkeit betrachtet, heftet sich mit dem Lebensgefühl der Gotik auf geistig, symbolischem Gebiet das dunkle und düstere Bild des Schnitter Tod daran. Es sind menschenähnliche Gestalten, denen die Schnittgeräte ihr mystisches Erscheinungsbild verleihen. Als blasse, gesichtslose Schemen erscheinen sie in weißen Leinen oder langwallendem Gewand, meist überlange Sensen in Händen haltend.

Mit dem Massensterben während der Pest, dem Schwarzen Tod, der zwischen 1345 und 1350 etwa ein Drittel der europäischen Bevölkerung darinraffte, tritt die sensenschwingende Todesgestalt erstmals in Erscheinung. Die Sense wird nun zum Attribut des Todes, weil dem Mähen mit der Sense ein unerbittlicher Rhythmus eigen ist und weil alle anderen Werkzeuge grausigere Bilder vom Tod herauf beschwören. Mähen und Ernten sind Tätigkeiten, die mit den Jahreszeiten verbunden sind und dem Blühen und Vergehen des Menschen entsprechen. Im Kreislauf des Lebens ist das Ernten des Todes mit der Hoffnung auf einen Neuanfang des Lebens im Frühjahr verbunden. Mit Macht packte die Menschen die Mystik dieses Gedankens, dass er denselben in der religiösen Kunst zum Ausdruck zu bringen suchte. Insbesondere in den vom 14. Jahrhundert an weit verbreiteten Totentanz-Bildern wurde das Motiv der Sense in diesem Sinne verwendet.

Zweiter Teil:

Leichtes Mähen läßt sich lernen

Seit unsere steinzeitlichen Vorfahren sich das erste Mal eines scharfkantigen Steins bedienten, hat sich unsere Fähigkeit zum Gebrauch von Werkzeugen ständig weiterentwickelt. Die Fähigkeit, Werkzeuge herzustellen und sich zu Nutze zu machen, hat dem Menschen die Möglichkeit eröffnet, gestaltend und verändernd auf die Umwelt einzuwirken.

Werkzeuge, so auch die Sense, sind eine Erweiterung unseres Körpers; ihre Form und Funktion gehen im Gebrauch eine perfekte Verbindung ein und bestimmen das Handeln des Menschen. Das geht so weit, dass ein Werkzeug sich völlig den Eigenschaften seines Benutzes und seines Benutzers anpaßt. Wenn man ein ideales Werkzeug in der Hand hat und es richtig benutzt, was sich mühelos und natürlich anfühlen sollte, dann wird die Funktion zum reinen Vergnügen. Eine gute Sense ergänzt die Kräfte des Körpers auf spürbare und angenehme Art. Man arbeitet zusammen. Eine gute Sense ist leicht, sie läßt sich locker und bequem handhaben. Ein gute

Abb. 36: Mäher beim Sensen.

Sense verursacht keine Schmerzen. Kein Körperteil wird allzu sehr belastet während man die Sense benutzt, und man kann ohne Überanstrengung stundenlang damit arbeiten.
Es ist ein Vergnügen, Handwerksgeräte wie die Sense zu benutzen, bei deren Handhabung Arbeiter, Werkzeug und Arbeit nahtlos zu einem einzigen rhythmischen Strom verschmelzen.
Werkzeuge sollten meines Erachtens keine Distanz zur Umwelt, zur Natur schaffen. Wer in und mit der Natur mäht, braucht den unmittelbaren Kontakt zur Natur mit allen Sinnen. Gerade weil die Sense keinen Motor hat, der den Rhythmus und das Tempo der Arbeit bestimmt, sondern geräusch- und geruchlos arbeitet, hat man mit der Sense das Vergnügen, alles wahrzunehmen, was während der Arbeit um einen herum vorgeht. Denken Sie immer daran, mit einer Handsense mähen Sie, und nicht die Sense mäht mit Ihnen, wie es die Motorsense tut.
Die Sense, die Sie heute im Baumarkt oder in einer Eisenwarenhandlung kaufen, unterscheidet sich nicht wesentlich von den Sensen, die zur Blütezeit des Sensenhandwerkes im 17. bis 19.Jahrhundert hergestellt wurden. Auch die Herstellung der Sensen geschieht heute nicht viel anders, als mit den im 15.Jahrhundert aufgekommenen wasserbetriebenen Schlaghämmern. Heute erfolgt die Herstellung durch eine kleine Zahl von Spezialbetrieben, wo mit maschinenbetrieben Hämmer zwei in ihrer Qualität unterschiedliche Sensen hergestellt werden. So erhalten Sie heute im Handel preiswerte Sensen bereits unter 30 DM. In dieser Preisklasse handelt es sich in der Regel um halbgeschmiedete Sensen, bei denen die Sense nicht in Form gehämmert, sondern gestanzt wird und nur die Schneide in Form geschmiedet wird. Bei den wesentlich teuereren handgeschmiedeten Sensen wird die Sense wie früher in einer Vielzahl von Produktionsschritten aus dem Stahl gehämmert. Ob nun gestanzt oder geschmiedet, beide Sensen kommen mähfertig in den Handel. Das heißt, dass die Sense vor dem Gebrauch nicht, wie früher üblich, zuerst noch gedengelt werden muß, sondern dass das Schärfen mit dem Wetzstein ausreichen sollte, um einen guten Schnitt zu erzielen.
Achten Sie beim Kauf der Sense darauf, dass sie die Beste nehmen, die Sie sich leisten können. Es nützt überhaupt nichts, wenn man mit einer Sense arbeitet, die nicht gut schneidet oder rasch stumpf wird. Eine gute Sense ist wie jedes gute Handwerkszeug teuer. Das war schon immer so. Obwohl billige Werkzeug oft nur die Hälfte oder gar ein Drittel der Besseren kosten,

zahlt sich die Anschaffung der teueren Werkzeuge bald aus. Gute Werkzeuge, die in gutem Zustand gehalten werden, halten ein ganzes Leben und ermöglichen Ihnen ein leichtes Arbeiten.
Eine gebrauchsfertige Sense besteht aus dem Sensenblatt, dem Sensenstiel und einem Sensenring mit Schlüssel zur Befestigung des Sensenstieles an der Hamme des Sensenblattes.

Das Sensenblatt

Charakteristisch für jedes Sensenblatt ist ein leicht gewölbtes, dünnes Blatt, dessen konkaver Rand zur Schneide geschärft ist, während der konvexe Rücken einen der Festigung und Versteifung dienenden, aufgekrempelten „Rücken" zeigt. Mit dem verstärkten Rücken läuft das Blatt in die Hamme aus, die zur Befestigung am Sensenstiel dient. Das rechte Ende des Blattes bezeichnet man als Bart, das linke als Spitze. Bei einzelnen Sensentypen ist die Spitze nicht schneidend, sondern dornartig geformt. Man nennt diese Sonderausführung, die vorallem in den Voralpen und den Alpenländern üblich ist, Steinspitze oder Schnabel.

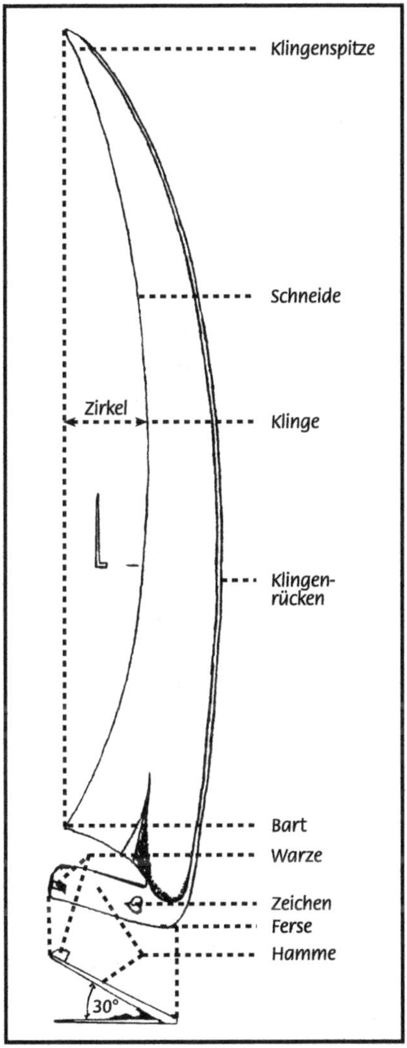

Abb. 37: Das Sensenblatt.

Das Sensenblatt wird im Handel in den unterschiedlichsten Ausführungen verkauft. Sensenblätter unterscheiden sich in Länge und Breite, der Krümmung des Rückens und der Schneide, so wie der Stellung der Hamme. Früher wurde die Sensen-

länge nach „Hand" gemessen. Heute wird die Sensenlänge in cm angegeben und meist auf der Hamme aufgestanzt. Gemessen wird die Länge von der Spitze bis zur Bartspitze. Die im Handel erhältlichen Blättgrößen sind zwischen 40 und 90 cm lang, und 40 bis 70 mm breit.
Neben der Länge ist die Krümmung der Sense von Bedeutung. Stellt man die Sense mit Bart und Spitze auf eine Tischkante, dann nennt man den Bogen den die Schneide beschreibt „Zirkel". Um die Stärke der Biegung zu ermitteln, wird der Zirkel an der höchsten Stelle der Biegung gemessen. Hier haben die Praktiker noch heute ihr eigenes Maß, den „Finger". Hat eine Sense beispielsweise einen Zirkel von 2 Finger, so bedeutet dies, dass man unter der Schneide an der höchsten Stelle zwei Finger durchschieben kann. In der Praxis entspricht das Fingermaß etwa 2 cm.
Das Sensenblatt ist bei fast allen Sensen in der Breite mehr oder weniger stark gewölbt, und vom Rücken her keilförmig zulaufend dünn ausgeschmiedet. Diese Wölbung verleiht dem Sensenblatt eine erhöhte Stabilität. Wir finden ausgeprägte Wölbungen vor allem, wenn die Sense eine große Blattbreite hat. Eine gute Wölbung erleichtert die Führung der Sense und erhöht die Haltbarkeit der Schärfe der Schneide, weil durch die Wölbung die Schneide beim Mähen vor zu tiefer Lage geschützt ist und weniger mit Steinen und Wurmkot in Berührung kommt. Sie können dies überprüfen, indem Sie den Sensenbaum so führen, dass das Sensenblatt auf dem abgerundeten Rücken über den Boden gezogen wird, dabei darf die Schneide nicht den Boden berühren. Darüber hinaus wird durch die Blattwölbung automatisch der günstigere Schrägschnitt beim Mähen erzielt.

Wie bereits erwähnt sind auch heutzutage noch eine Vielzahl verschiedenster Sensenblätter für die unterschiedlichsten Mäharbeiten im Handel erhältlich. Es sind dies lange und kurze Grassensenblätter in schmaler und breiter Ausführung, mittellange bis kurze Strauch-, Stauden-, Heidekraut-, Weinberg- und Schilfsensenblätter, so wie die dicken, kurzen und sehr breiten Hopfen- und Waldsensenblätter. Die Waldsensenblätter werden heute im Handel als Forstkultursense oder Freistellungssense gehandelt. Spezielle Mais- und Getreidesensenblätter sind dagegen meines Wissens nicht mehr erhältlich.

Die Sensenspitze

Der verstärkte Rücken der Sense verleiht dem Sensenblatt seine Stabilität. Gleichzeitig nimmt der hochstehende Rücken das abgeschnittene Gras beim Mähen mit und schiebt es auf die linke Seite zur Mahd. Zu der Sensenspitze hin wird der Sensenrücken in der Regel etwas flacher und läuft dann, in das sogenannte „Firmle" aus. Das Firmle endet in der Spitze. Einige Sensenformen haben eine dornartig verstärkte Spitze, die sogenannte „Steinspitze" oder „Schnabel". Die verstärkte Spitze schützt das Sensenblatt vor Beschädigungen, beispielsweise dann, wenn die Sense beim Mähen gegen ein Hindernis, wie einen größeren Stein oder einen Baumstumpf stößt.

Die Sensenspitze schneidet beim Mähen kein Gras, sondern übernimmt mehr die Funktion des Vorbahnens. Eine leichte Aufschweifung der Sensenspitze vom Boden weg bedingt, dass die Sense gut über Unebenheiten des Bodens hinweg gleitet und nicht so leicht in die Erde gerammt wird.

Die Schneide

Von ganz besonderen Bedeutung für die Schnittfähigkeit der Sense ist die Schneide, der sogenannte „Dangel". Bei einer neuen Sense ist ein vom Bartende bis zur Sensenspitze gleichmäßig keilförmiger Dangel vorhanden. Vor dem ersten Mähen mit einer neuen Sense erhält der Dangel durch das Schärfen mit dem Wetzstein seine eigentliche Schärfe. Je nach Beanspruchung und Pflege der Sense nutzt sich die Schneide der Sense mit der Zeit ab, so das die Schneide zwischen Dengelamboß und Hammer gedengelt werden muß.

Schnittfähigkeit und Schnitthaltigkeit machen die Güte einer Sense aus. Die Schnittfähigkeit ist abhängig von der Härte des Metalles und der Qualität des Dangels. Mangelhafte Härte führt zu einer raschen Abnutzung der Schneide. Zu große Härte erschwert das Schärfen mit dem Wetzstein und das Dengeln. Durch sachgemäßes Dengeln kann man man die Schnittfähigkeit, das heißt die Schärfe der Sense, verbessern. Unter Schnitthaltigkeit versteht man die Eigenschaft einer Sense, die Schärfe der Schneide lange zu halten. Mit einer schnitthaltigen Sense kann man länger und mehr mähen, ehe sie wieder geschärft werden muß. Dabei spielt natürlich auch die Eigenschaft des zu mähenden Aufwuchses eine Rolle.

Die Hamme

Die Stelle, wo der Rücken in die Hamme übergeht, nennt man „Ferse" oder „Kragen". Die Hamme selbst dient der Befestigung der Sense am Sensenstiel. Das untere Ende der Hamme hat meistens eine nach oben stehende Warze. Die Warze wird in das Warzenloch am Sensenstiel eingeführt. Danach wird der Sensenring über die Hamme geschoben, und so weit wie möglich vom Warzenloch entfernt werden die Feststellschrauben des Sensenringes mit dem Sensenschlüssel angezogen, bis das Sensenblatt fest am Sensenstiel sitzt.
Mit Rücksicht auf die Verschiedenartigkeit der Sensenstiele ist die Stellung der Hamme zur Schneide von größter Bedeutung. Einmal hinsichtlich des Winkels, den die Hamme zur Schneide bildet, andererseits wie hoch die Hamme an der Warze über der Schneide des Sensenblattes steht.
Die Winkelstellung der Hamme zur Schneide ist entscheidend dafür, ob ein geschweifter oder ein gerader Sensenstiel an der Hamme anzubringen ist. Ein einziges Mal habe ich beim Sensenkauf, es war im spanischen Baskenland, darauf kein Augenmerk verwendet und seither bin ich im Besitz eines Sensenblattes, das sich an keinen meiner vielen Sensenstiele so anstellen läßt, das ich damit mähen könnte. Sollten Sie sich irgendwann einmal eine Sense im Ausland kaufen mit der Sie auch zuhause mähen möchten, so kaufen Sie sich sicherheitshalber immer den passenden Sensenstiel dazu.
Die Höhenstellung der Hamme, also der Abstand von der Bartspitze, wird wie der Zirkel in Finger gemessen, indem sie zwischen Hamme und Schneide eine entsprechende Zahl Finger einschieben. Es heißt dann, die Hamme ist 2, 3 oder 4 Finger hoch gestellt. Ist der Winkel der Hamme zur Schneide flach, brauchen Sie einen am unteren Ende nach unten gebogen Sensenstiel. Ist die Winkelstellung größer, brauchen Sie einen geraden oder einen nach oben gewölbten Sensenstiel.

Das Sensenblatt – leicht oder schwer?

Auch das Gewicht einer Sense ist von einer gewissen Bedeutung für den Schwung beim Mähen. Schwere Sensen lassen sich, wenn sie einmal in Schwung sind, leichter durchziehen. Schwer Blätter ermüden vor allem bei der Mäharbeit am Hang, weil die Sense bei jedem Streich hochgehoben werden muß. Dünnen und schmalen bis mittelbreiten Blättern ist aus diesem Grunde im Berggebiet der Vorzug zu geben.

Das Sensenblatt – kurz oder lang?

Lange Sensenblätter mit einem großen Zirkel sind zum Mähen von Gras vorteilhafter wie kurze Sensen. Betrachtet man wie die einzelnen Sensen im Schnitt zu einem Grasbusch gestellt sind, dann stellt man fest, dass hier gewaltige Unterschiede vorhanden sind. Die lange Sense erzielt durch ihre günstigere Schnittwinkelstellung einen langen ziehenden Schnitt, während bei der kurzen Sense der Zug nicht so lang sein kann. Dies wiederum bedingt, das man mit der kurzen Sense schnellere Bewegungen macht als mit der langen Sense. Die körperliche Anstrengung ist bei der kurzen Sense bei weitem größer, als bei der langen Sense, obwohl die Mähleistung wesentlich zurückbleibt.

Bei Versuchen mit verschieden langen Sensenblättern hat sich gezeigt, dass die Länge des Sensenblattes wesentlich die Mähleistung beeinflußt. Bei einem 80 cm langen Blatt erzielt man eine Mahdbreite von etwa 240 cm; ein Sensenblatt von 90 cm Länge erreicht eine Mahdbreite von etwa 290 cm; eine Sensenblatt von 60 cm, eine Mahdbreite von 180 cm. Man kann sagen, dass die Mahdbreite etwa 3 mal so groß ist, wie die Sensenlänge.

Das Sensenblatt für Linkshänder

„Gibt es Sensen für Linkshänder?" werde ich bei Mähkursen ab und an gefragt. Die Mehrzahl der Linkshänder unter den Mähern handhabt die Sense ebenso wie die Rechtshänder, da Sensen für Linkshänder im Handel in aller Regel nicht erhältlich sind. Wer trotzdem die Sense mit links führen möchte, benötigt ein spezielles Sensenblatt. Eines der im Anhang aufgeführten österreichischen Sensenwerke hat ein Sensenblatt für Linkshänder im Lieferprogramm.

Andere Sensenwerke liefern Sensenblätter für Linkshänder als Sonderanfertigung gegen einen geringen Aufpreis.

Abb. 38: Sense für Linkshänder.

Schäden und Mängel am Sensenblatt

Gelegentlich kann es vorkommen, dass an der Schneide Risse auftreten. Kleinere Risse können durch Wetzen oder Dengeln beseitigt werden. Risse, die 1 cm und tiefer ins Sensenblatt hineinreichen, lassen sich in der Regel nicht mehr reparieren. In diesem Fall ist die Sense nicht mehr zu gebrauchen, da sich dort Halme festhängen und das Mähen erschweren.
Beim Mähen auf steinigem Boden können Scharten auftreten, die die Schnittfähigkeit stark beeinträchtigen. Wenn man sie nicht durch Wetzen beheben kann, gelingt es oft beim Dengeln oder am Schleifstein. Schmale Sensenblätter mit dünnen Blatt und schwachem Rücken können sich an Hindernissen verbiegen. Solche Verwerfungen lassen sich meist nicht mehr reparieren.
Wölbungen in der Schneide können durch unsachgemäßes Dengeln entstehen, wenn die Schneide zu stark ausgetrieben wurde. Solche Wölbungen an der Schneide beeinträchtigen die Schnittfähigkeit und verursachen unsauberes Mähen. Solche Wölbungen lassen sich meist nicht mehr reparieren.

Der Sensenstiel

Der Sensenstiel wird im deutschsprachigen In-und Ausland häufig als Sensenbaum bezeichnet. Daneben gibt es zahlreiche lokale, mundartliche Bezeichnungen, wie Sensenwurf, Worb, Sensenworb oder Brustwurf.
Der Sensenstiel setzt sich zusammen aus dem Stiel und den Handgriffen. Die gebräuchlichste Form ist heute der Sensenstiel mit zwei Handgriffen, wobei sich der Handgriff für die linke Hand am oberen Ende des Stiels befindet, während der Handgriff für die rechte Hand ungefähr in der Mitte des Stieles seitlich absteht. Damit sind die Gemeinsamkeiten schon erschöpft, denn bei den Sensenstielen sind starke Abweichungen in der Linienführung des Stieles festzustellen. Desweiteren sind in Osteuropa auch überlange Sensenstiele mit nur einem Griff im Gebrauch.

Im Handel sind Sensenstiele aus Holz, Stahlrohr oder Leichtmetall erhältlich. Man unterscheidet zwischen geraden, gebogenen oder geschweiften Stielformen. Ein Sensenstiel gilt als gerade, wenn er in der Draufsicht und Seitenansicht, mit Ausnahme des Hammenteiles, gerade ist. Eine Sensenstiel ist gebogen, wenn er in der Seitenansicht eine Biegung nach

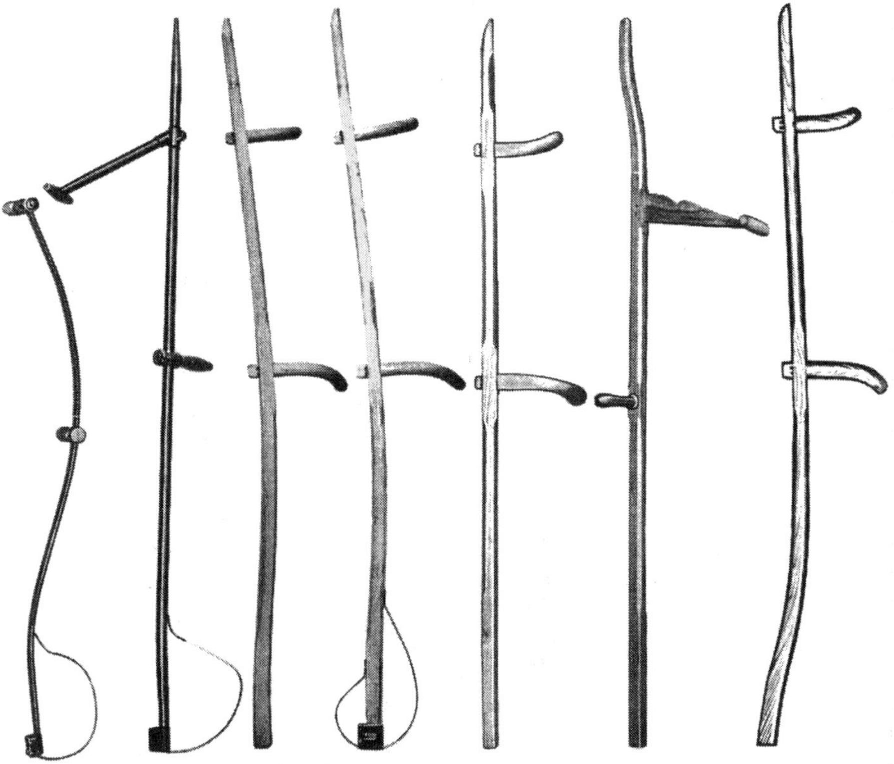

Abb. 39: Auswahl heutiger Sensenstiele.

oben hat. Ein Sensenstiel ist geschweift, wenn er in der Draufsicht eine Schweifung nach hinten aufweist. Ein Sensenstiel ist gebogen und geschweift, sofern er in der Draufsicht und in der Seitenansicht eine Biegung aufweist.

Für den unteren Teil des Sensenstieles habe ich den Begriff Hammenteil gewählt, weil dort die Hamme der Sense eingesetzt wird. Alle Sensenstiele haben am Hammenteil ein sogenanntes Warzenloch und sind an der Oberseite des Hammenteiles abgerundet damit der Sensenring einen guten Sitz hat. An der Unterseite dagegen sind sie flach, weil hier die Hamme aufliegt.

Der Sensenstiel sollte möglichst leicht und dauerhaft geschaffen und nicht schwerer als 1500 Gramm sein. Die Länge, der im Handel erhältlichen Sensenstiele, schwankt zwischen 140 und 170 cm. Ob der Sensenstiel der

Körpergröße des Mähers entspricht, zeigt sich erst beim Mähen. Im übrigen wird eine Sense nicht selten von verschiedenen Personen gebraucht, und so kommt es vor, dass die Körperhaltung sich nach der Sense richtet und nicht umgekehrt die Sense der richtigen Körperhaltung angepaßt wird. Eine ungünstige Körperhaltung beansprucht die Rückenmuskulatur, führt zu schneller Ermüdung und verleidet auf Dauer die Arbeit mit der Sense.

Abb. 40:
Richtige Länge des Sensenstiels ermitteln.

Die Länge des Sensenstieles soll immer der Körpergröße des Mähers entsprechen. Die richtige Länge gewährleistet, dass aufrecht stehend gemäht werden kann. Ein eher kleiner Mäher braucht einen kürzeren Sensenstiel als ein größerer Mäher. Ein kleiner Mäher kann jedoch auch mit einen längeren Sensenstiel mähen ohne sich körperlich zu verbiegen. Ist der Sensenstiel aber zu kurz, wird der Mäher gezwungen, sich beim Mähen zu weit nach vorne zu beugen.

Faustregel für die richtige Länge des Sensenstieles:
Wenn Sie die Sense in bequemer, leicht breitbeiniger Stellung halten, muß das Blatt ein bis zwei Zentimeter über dem Boden schweben.

Für größere Personen, mit einer Körpergröße von 2 m und mehr, werden im Handel kaum entsprechend lange Sensenstiele angeboten. Wer sich beim Mähen nicht das

Rückgrat verbiegen möchte und sich ein entsprechendes Stück nicht im Do-it-yourself-Verfahren selbst herstellen kann und möchte, dem empfehle ich, sich einen den persönlichen Körpermaßen entsprechenden Sensenstiel von einem Wagner oder Stellmacher anfertigen zu lassen. Alte Berufsbilder zwar, aber die Handwerker mit dem entsprechenden Können sind auch heute noch anzutreffen.

Die Gleichgewichtslinie

Die Gleichgewichtslinie ist die mit einem geraden Stock ermittelte Verbindungslinie vom linken zum rechten Handgriff und deren Verlängerung bis zum Sensenblatt.

Sie wird so genannt, weil beim richtigen Verlauf dieser Linie die Sense beim Mähen im Gleichgewicht ist, das heißt, dass die Spitze nicht gegen den Boden zieht oder die Tendenz hat, vom Boden hoch zu gehen. Denn die Sense soll beim Mähen ohne besondere Aufwendung von Körperkräften über den Boden gleiten. Wenn Sie die Sense in der Ruhelage etwas anheben, so dass sie frei über dem Boden schwebt, soll sie so ausbalanciert sein, dass die Spitze weder zum Boden noch in den Himmel zeigt. Diese Bedingung ist erfüllt, wenn die Fortsetzung der gedachten Verbindungslinie vom linken und rechten Griffpunkt etwas 6 cm vor dem Stielunterende ins Sensenblatt einmündet. Sie können sie mit einem geraden Stock kontrollieren.

Mündet die Gleichsgewichtslinie beispielsweise nicht ins Sensenblatt ein, sondern verläuft parallel zum Sensenstiel hat die Sensenspitze die Tendenz gegen den Boden zu gehen. Der geübte Mäher spürt es gewöhnlich nicht oder erst durch den Vergleich mit anderen Sensenstielen, dass er am rechten Griff durch eine ständige Drehbewegung die Spitze hochhalten muß.

Die Griffe

Nach der Zahl der Griffe kann man zwischen ein- und zweigriffigen Sensenstielen unterscheiden. Die Handgriffe sind aus Holz, Stahlrohr oder Kunststoff. Unlackierte Holzgriffe sind vorzuziehen, da diese am besten die Handfeuchte aufnehmen. Die Griffe sollen handlich sein, damit die

Bildung von Schwielen oder gar Blasen ausbleibt. Auf gute Form ist besonders am rechten Griff zu achten, wo die Kraftübertragung von der Hand auf das Arbeitsgerät stattfindet. Die linke Hand übernimmt mehr die Führung.
Die Sensenstiele unterscheiden sich wesentlich in der Anordnung und Form der Griffe. Dies trifft besonders auf den Griff für die rechte Hand zu, der etwa in der Mitte des Sensenstieles angebracht ist. So ist in den Voralpenregionen, den Alpenländern und in Südeuropa der Handgriff für die rechte Hand meistens zum Sensenblatt hin ausgerichtet. In Mittel- und Nordeuropa weist dieser Griff vom Sensenblatt weg. Durch die Griffstellung wird die Sense im ersten Fall gezogen und im zweiten Fall geschoben.

Bei den Sensenstielen unterscheidet man zwischen drei Gruppen:
- Sensenstiel mit Krücke für die rechte Hand, sogenannter Krücksensenstiel
- Sensenstiel mit zum Sensenblatt hin gerichtetem Griff für die rechte Hand
- Sensenstiel mit vom Sensenblatt weg gerichtetem Griff für die rechte Hand

Bei den Krücksensenstielen sitzt ungefähr in der Mitte des Sensenstieles eine nach oben angeordnete Krücke, deren Griff vom Sensenblatt weg gerichtet ist. Der zweite Griff ist meistens rechtwinkelig am Sensenstielende angesetzt. Der Sensenstiel selbst ist gerade. Durch die Krücke und die Griffanordnung nach rechts entsteht eine unvorteilhafte Hebelwirkung, die durch zusätzlichen Kraftaufwand ausgeglichen werden muß. Gelingt dies nicht, so hat dies besonders bei Anfängern zur Folge, dass durch die ungünstige Gleichgewichtslage, die Sense den Drang hat, mit der Spitze nach dem Boden zu gehen.
Diese Nachteile können vermieden werden, indem Sie auf einen Krücksensenstiel verzichten. Zweckmäßige Sensenstiel haben in der Mitte einen zum Sensenblatt hin gerichteten Griff, der entweder rechtwinkelig oder in leichter Schrägstellung aufwärts am Sensenstiel befestigt ist. Dadurch entsteht eine ziehende Mähbewegung die dem sogenannten Mausen entgegenwirkt.
Der Griff für die linke Hand am oberen Stielende kann vollkommen wegfallen, beziehungsweise ebenfalls zur Spitze hing zeigend, oder wie man

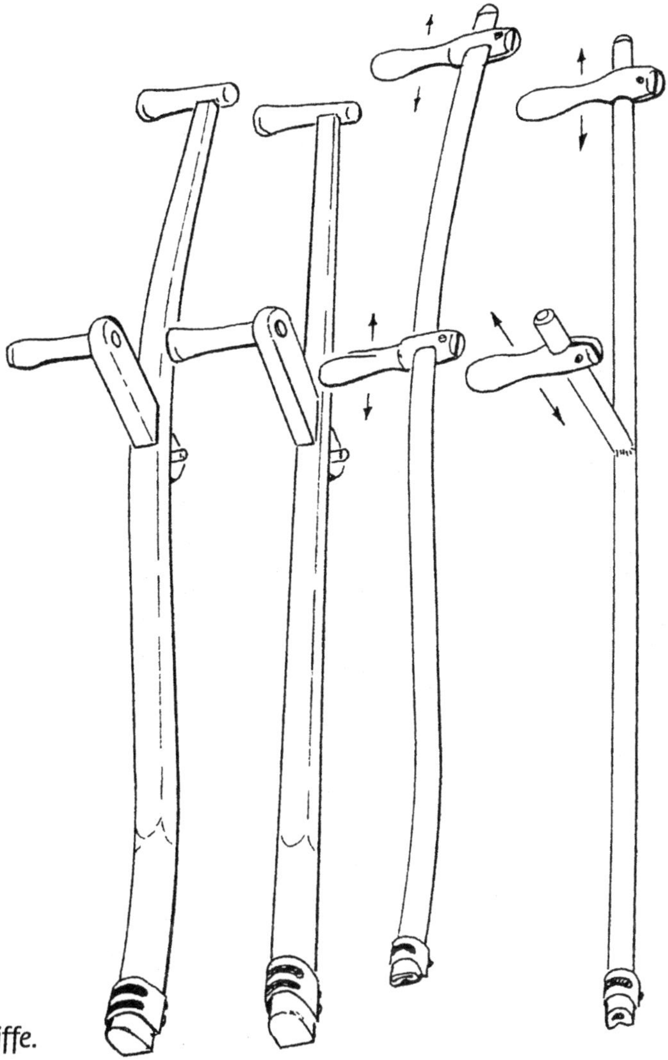

Abb. 41:
Verschiedene Griffe.

das häufig sieht, T-artig angeordnet sein, so dass man ihn beliebig vorne oder hinten, beziehungsweise in der Mitte fassen kann. Der geübte Mäher verzichtet oftmals auch auf den Griff für die linke Hand und ergreift mit dieser statt dessen den Sensenstiel selbst um die Sense beim Mähen zu Führen. Für das Mähen selbst ist die Stellung des Griffes für die rechte Hand von größerer Bedeutung als die Stellung des Griffes für die linke Hand.

Griffabstand und Mäharbeit

Neben der Länge des Sensenstieles und der Anordnung der Griffe am Sensenstiel ist der Abstand der Griffe zueinander für das leichte Mähen von Bedeutung. Die in der Praxis angetroffenen Griffabstände sind recht unterschiedlich und liegen zwischen 60 und 75 cm. Der Griffabstand sollte nach meiner Erfahrung mindestens so groß sein, wie der Abstand der Achselhöhle bis zum mittleren Fingerglied. Den richtigen Griffabstand ermitteln Sie, indem Sie den Griff am Ende des Sensenstieles in die rechte Achselhöhle legen und versuchen mit der rechten Hand den Griff für die rechte Hand am Sensenstiel zu umfassen. Der Sensenstiel hat den richtigen Griffabstand für Ihre Körpergröße, wenn Sie bei dieser Messmethode den Handgriff mit der rechten Hand so umgreifen können, das die Hand am gestreckten rechten Arm den Griff locker umfaßt. Der so ermittelte Griffabstand beträgt normalerweise etwa 65 cm.

Bei zu geringem Abstand der Griffe ist der Mäher zu einer mehr aufrechten Körperhaltung gezwungen. Daraus folgert eine starke Beanspruchung der Bauch- und Rückenmuskulatur. Zugleich wird der Schnittbereich, der Radius, der Sense verkleinert. Bei zu großem Griffabstand tritt eine stärkere Belastung der Armmuskulatur ein, da der Schnittbereich der Sense zu groß wird. Bei starkem Aufwuchs kann der Mäher die Sense dann nur mit Mühe durchziehen. Schnelle Ermüdung, Muskelkater und Rückenbeschwerden rühren meist von einer falsch eingestellten Sense her, die immer eine falsche Körperhaltung verursacht.

Von ganz wenigen Holzsensenstielen abgesehen, lassen sich die Griffe in der Regel nur bei Leichtmetallsensenstielen verstellen. Das bedeutet, dass schon beim Kauf eines Holzsensenstieles das Augenmerk besonders auf den richtigen Griffabstand gerichtet werden muß.

Das Anpassen des Griffabstandes auf die richtige Armlänge läßt sich am leichtesten bei Leichtmetallsensenstielen mit verstellbaren Griffen vornehmen. Dazu werden die Schraubenmutter gelockert und der Griff für die rechte Hand in die richtige Position geschoben. Danach wird die Schraubenmutter wieder mit einem Schraubenschlüssel so festgezogen, dass der Griff festsitzt und nicht wackelt.

Lockere Griffe

Gelockerte Griffe wirken störend beim Mähen. Lassen sich die Griffe auch nicht durch Nachziehen der Schrauben feststellen, weil die Griffe ausgeschlagen sind, so können Sie sich vor einem Kauf neuer Griffe meist damit behelfen, dass sie die Griffe vor dem Festziehen der Schrauben mit dünnen Holzkeilen oder Lederstreifen unterlegen.

Jeder verstellbare Griff wird mit der Zeit lose. Wird dann die am Griff übliche kleine Schraubenmutter nachgezogen, kann es passieren, dass sich die Schraubenmutter ins Holz „frißt" und nicht mehr mit dem Schraubenschlüssel gelöst werden kann. Aus dieser Erfahrung heraus tausche ich die flachen Schraubenmuttern gegen Flügelschrauben aus, um die Griffe festzustellen. Die Flügelschraube erspart Ihnen das Mitführen des Schraubenschlüssels, weil sich die Flügelschraube leicht von Hand lösen und feststellen läßt.

Sensenring und Sensenschlüssel

Der Sensenring hat die Aufgabe, die stählerne Hamme des Sensenblattes an den Sensenstiel zu pressen und auf diese Weise das Sensenblatt am Sensenstiel festzustellen. Mit dem Sensenring und der Verankerung der an der Hamme des Sensenblattes befindlichen Warze im Warzenloch des Sensenstieles bekommt das Sensenblatt einen festen Sitz an zwei Haltepunkten. Der Druck soll so groß sein, dass die normal beanspruchte Sense fest am Baum sitzt. Bei Überbeanspruchung soll aber auch das Sensenblatt, nach Art einer Rutschkupplung, freigegeben werden. Dadurch können Brüche oder Verspannungen des Sensenblattes vermieden werden.
Ursprünglich wurden die Sensenblätter mit einfachen aber paßgenauen Klopfringen unter zu Hilfenahme von kleinen Holz oder Metallkeilen am Sensenbaum befestigt. Heute verwendet man Sensenringe, die Sensenstiel und Hamme mit Hilfe von Schrauben zusammenhalten.
Im Handel sind neben den Sensenringen mit Ringschraube, Sensenringe mit einer oder zwei Innenvierkant-Schrauben erhältlich. Da bei letzterem die Schrauben nicht über den Ring vorstehen, können sich kaum Grashalme anhängen. Da bei diesem Typ die Feststellschrauben relativ klein sind, gebe ich bei dem Sensenring mit Innenvierkantschraube dem Modell

mit 2 Schrauben zum sicheren Feststellen des Sensenblattes den Vorzug. Bei mangelnder Pflege können sich jedoch diese Schrauben derart mit Rost festsetzen, dass sie mit dem Vierkantschlüssel nicht mehr zu öffnen sind. Dann hilft nur, dass man den Bügel des Sensenringes mit einer Metallsäge aufsägt.

Wenn das Warzenloch ausgeleiert oder ausgefranst ist, kann ein einzelner Sensenring das Sensenblatt nicht sicher halten. Sie können dem Problem abhelfen ohne gleich einen neuen Sensenbaum zu kaufen, wenn Sie zusätzlich einen zweiten Sensenring über der Warze am Sensenstiel anbringen.

Schwierigkeiten gibt es des öfteren leider auch mit den Vierkantschlüsseln. All zu oft sind die Schlüssel am Hebelarm zu kurz gehalten und erschweren so das Öffnen und Feststellen der Schraube. Nicht selten werden die Schlüssel aus zu weichem Material gefertigt, so dass sie sich bei entsprechender Beanspruchung verbiegen. Ein geeigneter Sensenschlüssel läßt sich leicht aus einem entsprechend dicken Vierkantstahl am Schraubstock biegen.

Das Anstellen des Sensenblattes am Sensenstiel

Zum leichten Mähen mit guter Mähleistung muß das Sensenblatt im richtig Winkel am Sensenstiel befestigt sein. Das Einstellen des Sensenblattes bezeichnet man allgemein üblich als „Anstellen". Eine falsch eingestellte Sense kann das Mähen erheblich erschweren. Wer seine Sense richtig einstellt, schont dagegen beim Mähen seine Kräfte. Darum ist die richtige Stellung des Sensenblattes zum Sensenstiel von großer Bedeutung. Beim Anstellen der Sense kommt es darauf an, das Sensenblatt in die richtige Winkelstellung zum Sensenstiel zu bringen.
Je größer der Winkel ist, desto ungünstiger trifft die Schneide gegen die Halme, und dementsprechend wächst der Kraftaufwand, weil sich die Sense dann nur schwer durchziehen läßt. Aus der mähenden Bewegung wird eine schlagende. Ist der Winkel dagegen zu eng, so erfaßt das Sensenblatt einen zu schmalen Streifen des abzumähenden Grases, so dass man beim Mähen nur langsam vorwärts kommt.

Eine Sense steht „weit" oder „eng", wenn sie nicht richtig angestellt ist. Zu weit stehende Sensen stellt man einwärts. Zu eng stehende Sensen stellt man auswärts. Das Anstellen beziehungsweise das Überprüfen der Stellung des Sensenblattes zum Sensenstiel ist immer notwendig:

- Wenn das Sensenblatt zum Dengeln vom Sensenstiel genommen wurde.
- Wenn die Sense für eine bestimmte Mäharbeit eingestellt werden soll.
- Wenn sich die Sense beim Mähen verstellt hat.

Abb. 42: Anstellen des Sensenblattes.

Jeder Mäher sollte wissen, wie die jeweilige Sense für ihn und den zu mähenden Aufwuchs einzustellen ist. Das richtige Anstellen einer Sense wird beeinflußt, vom Mäher, der Sense, dem Mähgut und dem zu mähenden Gelände. Die Kunst des Anstellens besteht darin, die jeweils richtige Stellung zu finden, so das man mit geringstem Kraftaufwand möglichst lange mähen und eine gute Mähleistung erzielen kann.
Erfahrene und körperlich starke Mäher können die Sense weiter stellen, als schwache und unerfahrene Mäher. Länge und Form des Sensenblattes sowie die Form des Sensenstieles bedingen eine jeweils andere Stellung des Sensenblattes am Sensenstiel. So müssen lange Sensen enger gestellt

werden als kurze Sensen am gleichen Sensenstiel. Je nach Art und Stärke der zu mähenden Pflanzen muß die Sense neu angestellt werden. Bei schnittigem Mähgut ist es vorteilhaft, die Sense etwas weiter, bei unschnittigem Mähgut, enger zu stellen. So stellt man in der Regel, wenn das Gras noch taunaß ist, die Sense weiter, als bei trockenem Gras und hochstehender Sonne. Beim Mähen am Hang sollte man enger stellen als auf flachem Gelände.

Wie wird richtig angestellt?

Das Anstellen erfolgt in allen Fällen durch einen Vergleich, wie die Sensenspitze in Bezug auf den Sensenbart steht.
Zur Prüfung der Sensenstellung gibt es die verschiedensten Möglichkeiten. Im freien Gelände legt man die Sense auf den Boden, stellt den linken Fuß an das Ende des Sensenbaumes und stellt fest, wo die Bartspitze des Sensenblattes aufliegt. In dieser Stellung wird die Sense nun am Mittelgriff derart nach rechts geschwenkt, dass die Spitze des Sensenblattes an der Stelle, wo eben der Bart war zum Liegen kommt. Genau das Gleiche kann man auch haben, ohne sich zu bücken. Dazu stellt man den Sensenbaum an einer Wand mit dem Stielende auf den Boden. Dann merkt oder markiert man sich die Stelle, wo die Bartspitze steht. Nun schwenken Sie ebenfalls den Sensenbaum nach rechts zu der Stelle wo die Bartspitze gestanden hat und schauen, wo die Sensenspitze zum Stehen kommt. Auch an einem geraden Baumstamm oder am Rücken eines Erwachsenen können Sie die Stellung des Sensenblattes auf die beschriebene Weise überprüfen.

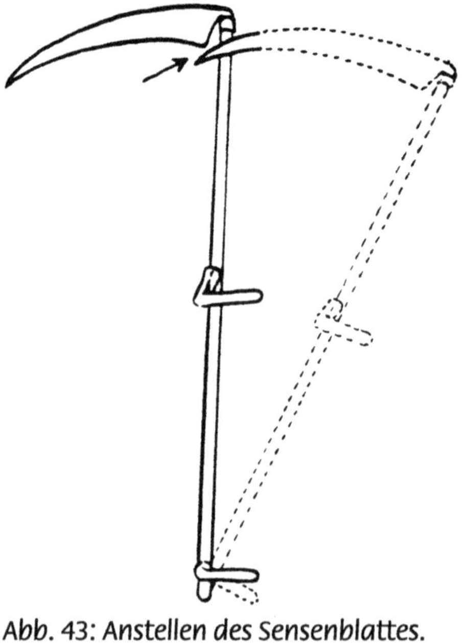

Abb. 43: Anstellen des Sensenblattes.

Bei kurzen Sensen bis 65 cm soll die Sensenspitze sich mit der Bartspitze decken oder etwas enger stehen. Bei langen Sensen über 65 cm soll die Sensenspitze je nach Länge 1 bis 4 Finger breit unter dem Markierungspunkt der Bartspitze zum Stehen kommen. Steht die Sensenspitze höher als der Markierungspunkt der Bartspitze, muß das Sensenblatt tiefer gestellt werden.
Zum Anstellen oder Ändern der Stellung des Sensenblattes muß der Sensenring so weit gelockert werden, dass man die Sensen mit leichtem Druck in die gewünschte Stellung bringen kann. Dann wird der Sensenring wieder festgezogen.

Die ideale Sense

Als ideale Sense für den Anfänger empfiehlt sich ein Sensenblatt mit Steinspitze und einer Länge von 70 bis 80cm, so wie ein geschwungener Leichtmetallsensenstiel mit verstellbaren, unlackierten Holzgriffen, oder einem geschwungenen Holzsensenstiel mit zur Sensenspitze zeigendem Handgriff für die rechte Hand. Beim Kauf eines Holzsensensenstieles ist darauf zu achten, das der Griffabstand der eigenen Armlänge entspricht.
Für den Anfänger empfiehlt es sich den Griff für die rechte Hand am Leichtmetallsensenstiel so zu montieren, dass der Griff zur Sensenspitze zeigt. Durch diese Griffstellung wird wie bereits oben dargestellt, die Sense beim Mähen gezogen. Durch diese Griffstellung beugen Sie dem sogenannten „Mausen" in einer gewissen Weise vor.
Frei nach dem Motto „Gewußt wie!" sind Sie mit den oben genannten Tips und Kniffe zum Anstellen des Sensenblattes am Sensenstiel und mit etwas Übung in der Lage, jede Sense mit wenigen Handgriffen entsprechend der körperlichen Konstitution des Mähers und des zu mähenden Aufwuchses einstellen.

Richtiges Mähen mit der Sense

Eine richtige Handarbeitsmethode verlangt, dass die zur Verfügung stehenden Körperkräfte möglichst rationell auf das Arbeitsgerät übertragen werden. Für die Erzielung einer guten Leistung bei minimalem

Kraftaufwand und geringster Ermüdung sind beim Mähen einige Grundsätze bei der Handhabung der Sense in bezug auf die Mähbewegung zu beachten.
Das Mähen mit der Sense soll eine angenehme Tätigkeit sein. Deshalb sollten Sie zum Mähen auch immer bequeme Kleidung tragen, die weder in Schritt und Taille zu eng ist oder unter den Achseln reibt.

Für die ersten Mähversuche wählen Sie am besten ein Stück Wiese mit aufrecht stehendem, taufeuchtem Gras, da sich taufeuchtes Gras leichter Mähen läßt. Aus diesem Grund sollten Mäher in der warmen Jahreszeit, wenn es zum Mähen geht, Frühaufsteher sein. Dem Frühaufsteher geht nicht nur das Mähen leichter von der Hand, sondern er wird überdies mit ganz besonderen Naturerlebnissen belohnt.

Körperhaltung beim Mähen

Zum leichten Mähen hat sich folgende Körperhaltung als günstig erwiesen:

- stellen Sie sich so zur Mahd, dass Sie vom stehenden Aufwuchs weg mähen;
- eine leichte Spreizstellung der Beine etwa in der Mitte der Mahd verleiht Ihnen einen sicheren Stand;
- um den Mähschwung zu begünstigen ist es vorteilhaft, wenn Sie den rechten Fuß etwa eine halbe Fußlänge vorstellen;
- die Knie sind leicht gebeugt;
- der Oberkörper ist leicht nach vorne geneigt.

Halten Sie die Sense so vor den Körper, dass:

- der rechte Arm seitlich locker herab hängt, während die Hand den Griff am Sensenstiel fest umfaßt;
- die linke Hand hat den Griff am Stielende umfaßt, der linke Ellbogen ist gebeugt;
- die Spitze des Sensenblattes steht auf Höhe des rechten Fußes;
- das Sensenblatt liegt leicht am Boden auf.

Die richtige Mähbewegung

Jetzt kann gesenst werden! Die Mähbewegung ist eine Drehbewegung aus der Hüfte heraus, die von der rechten Seite des Körpers ausgeht und vor dem Körper vorbei zur linken Seite führt. Die Wirkung des Sensenschnittes beruht dabei auf der bogenförmigen Führung des Sensenblattes. Das Können des Mähers besteht darin, mit Oberkörper und Armen der Sense den richtigen Schwung zu verleihen und während der ganzen Mähbewegung das Sensenblatt parallel über den Boden zu führen.

Abb. 44: Mähbewegung in drei Bildern.

In Höhe des rechten Fußes dringt die Sensenspitze in das Gras ein und schwingt dann mit zunehmender Geschwindigkeit nach links. Der Oberkörper dreht sich mit gestrecktem rechten Arm nach links herum, während der linke Ellbogen durch die Drehbewegung hinter den Rücken geführt wird. Der Schwung endet auf der Höhe des linken Fußes. Bart und Sensenspitze gleiten während der gesamten Drehbewegung in gleichbleibendem Abstand vom Körper waagerecht über den Boden. Der Schwung der Sense muß von Anfang bis Ende durch gehalten werden, da die Spitze sonst in die Höhe geht und das Mähgut nicht dicht genug über der Erde abgemäht wird.

Beim Rückschwingen der Sense soll das Sensenblatt, leicht am Boden entlang gleiten um zu verhindern, dass beim nächsten Hieb zu hoch gemäht wird. Während Sie zum nächsten Schwung ausholen, machen Sie mit

den Füßen eine Vorwärtsbewegung. Das Vorwärtsschreiten beim Mähen geschieht so, dass das rechte Bein sich stets etwa eine Fußlänge vor dem linken befindet und während des Rückschwunges zunächst das rechte und danach das linke Bein einen Schritt vorrückt.
Mit etwas Übung lernt man bald, was das ist, das perfekte Sensen: Es vollzieht sich in eleganten, rhytmischen Bewegungen, Arme, Beine und die Wirbelsäule werden nicht belastet. Die Sense gleitet beim Mähen in immer gleichem Abstand über den Boden, die Schneide schaut dabei leicht nach oben. Gleichmäßig hohe Stoppeln bleiben zurück, das gefällte Gras liegt in schöner Reihe zum Rechen bereit.
Und doch ist nicht jeder Mähstreich wie der nächste. Bodenunebenheiten müssen ausgeglichen werden, dann stehen Halme in dichten Büscheln und bilden Wirbel, wie die Haare auf dem Kopf, Wind und Regen eines Sommergewitters haben die Wiese derart „verhauen", dass die Pflanzen kreuz und quer niederliegen, oder ein Ameisenhaufen bremst den Schwung der Sense, während es ein paar Mähhiebe weiter gilt um einen großen Stein oder einen Baumstumpf herumzumähen.

Mähen am Hang

Beim Mähen am Hang, vor allem am Steilhang, gilt es einige Besonderheiten zu beachten. Im Gegensatz zum Mähen auf ebenem Gelände, steht der Mäher nicht in der Mitte der Mahd, sondern mehr auf der Schwadseite. An steilen Böschungen wird nicht im Halbkreis gemäht, sondern vielmehr wird die Sense in der Falllinie von oben nach unten gezogen.
Hänge mit mäßiger Steigung lassen sich am besten mähen, wenn man sich entlang der Hanglinie schräg abwärts bewegt. Niedere Gräben und Uferrandstreifen werden von der Böschungskante aus gemäht.

Häufige Fehler beim Mähen

Dass das Mähen und insbesondere das Führen der Sense bei der Mähbewegung auch so manches Problem mit sich bringt, ist offensichtlich und bleibt dem Mäher wie dem Betrachter nicht verborgen. Auch wenn anfangs die Sense noch manchen Luftschwung beschreibt oder sich die Spitze der Sense unverhofft in die Erde bohrt, brauchen Sie nicht gleich zu verzagen, wenn es nicht auf Anhieb klappt. Auch beim Sensen ist noch kein Meister vom Himmel gefallen, sondern erst die Übung ganz im Sinne der Aussage „learning by doing" macht wie so oft erst den Meister.

Vor allem das Hochziehen der Sense zu Beginn und Ende des Mähschwunges ist eine weitverbreitete Gewohnheit. Dabei wird die Sense gehandhabt als halte man einen Golfschläger in der Hand. Die Hamme steht dabei am Anfang des Mähhiebes in Hüfthöhe. Trotz des ausholenden Schwunges wird kaum Gras geschnitten, sondern eher abgehauen. Diese Bewegung ist nicht nur überflüssig, weil sie viel Kraft kostet, schnell ermüdet und nur wenig Gras geschnitten wird, sondern weil am linken und rechten Rand eine unsaubere Mahd entsteht.

Schauen Sie immer wieder einmal zurück auf das, was Sie geschnitten haben. Verlaufen die Schnittflächen des Grases schräg nach oben zum ungeschnittenen Gras hin, dann halten Sie das Sensenblatt am Anfang des Schwungs zu hoch. Das führt dazu, dass das Gras am rechten Mahdrand beim nächstfolgenden Mähgang nochmals geschnitten werden muß. Versuchen Sie das Sensenblatt bereits am Anfang des Mähschwunges unten zu halten – parallel zum Boden.

Befinden sich zwischen den einzelnen Schwaden noch stehende Grasbüschel, dann lassen Sie das Sensenblatt am Ende des Schwunges zu hoch auslaufen.

Auch wenn die Schärfe der Sense nachläßt, neigt man gerne zum hauenden, kräftezehrenden Mähhieb. Greifen Sie dann lieber sofort zum Wetzstein und schärfen Sie die Schneide.

Das Schärfen mit dem Wetzstein

Die volle Gebrauchsfähigkeit der Sense ist von der Schärfe ihrer Schneide abhängig. Abgesehen von der Qualität des Sensenblattes und dem richtigen Anstellen, ist das Schärfen des Sensenblattes mit dem Wetzstein die wichtigste Voraussetzung für leichtes Mähen und eine gute Mähleistung. Das Mähen mit scharfer Sense ist für jeden Mäher ein Vergnügen, mit einer unscharfen Sense wird das Mähen selbst für einen geübten Mäher zur Qual.

Ein Sensenblatt mit einem guten, das heißt dünnen, Dangel erhält eine rasierklingengleiche Schärfe durch das Bestreichen der Schneide mit einem Wetzstein.
Nicht von ungefähr kommt der überlieferte Spruch der Mäher:

„Gut gewetzt ist halb gemäht."

Eine Sense wird gewetzt, um beim Mähen einen leichten Schnitt zu erzielen. Wenn Sie beim Mähen bemerken, dass die Sense nicht mehr gut schneidet, empfiehlt es sich die Schneide sofort mit dem Wetzstein zu Schärfen.
Das Wetzen selbst ist ein Schleifvorgang. Gewetzt wird mit einem Wetzstein. Dies kann ein aus verschiedenen Schleifmittel und Harzen hergestellter Kunstwetzstein oder ein aus Stein gewonnener Naturwetzstein sein. Kunst- oder Naturstein unterscheiden sich von der Form her nicht. Alle im Handel angebotenen Wetzsteine sind flache, länglich, ovale Schleifsteine.
Kunst- und Naturstein unterscheiden sich in der Körnung. Kunststeine sind grobkörniger als Natursteine. Der großkörnige Kunststein ist für einen guten Dangel schädlich, weil meistens zu viel Material abgewetzt wird. Diese Wirkung ist erwünscht bei ungenügend scharfen Sensen oder bei Sensen, bei denen ein allzu feiner Dangel nicht erwünscht ist, wie bei der Buschsense oder der Heidesense.
Für das Wetzen eines feinen Dangels ist die Verwendung von Naturstein unbedingt zu empfehlen. Bei einer Grassense ohne guten Dangel kann dieser verbessert werden, wenn Sie die Schneide zuerst mit einem Kunststein und zum Schluß mit einem Naturstein wetzen. Sie sehen, die Wahl, ob Kunst- oder Naturstein sollte sich nach der zu wetzenden Sense richten.
Nach der Devise, andere Länder, andere Menschen, andere Sitten, gibt es eine Vielzahl von Varianten wie ein Sensenblatt gewetzt wird. In einigen Ländern konnte ich beobachten wie die Sense zum Wetzen mit der Sensenspitze nach oben gerichtet auf das vorgestellte Knie gelegt wurde. Anderorts wird der Sensenstiel so unter den linken Arm geklemmt, dass die Spitze zum Boden zeigt, oder das Sensenblatt wird mit der Spitze am Boden aufgestellt und der Mäher kniet sich zum Wetzen neben das Sensenblatt.

Abb. 45: Wetzen des Sensenblattes.

Ich persönlich stelle die Sense zum Wetzen umgekehrt auf den Sensenstiel, so dass das hochgestellte Sensenblatt vor mir steht und die Sensenspitze nach links gerichtet ist. Mit der linken Hand halte ich das Sensenblatt am Rücken fest. Zusätzlich kann man auch noch den rechten Fuß auf den am Boden befindlichen Griff für die linke Hand aufstellen. Vor dem eigentlichen Wetzen wird das Sensenblatt mit einer handvoll Gras, einem feuchten Lappen oder der Hand abgerieben, da ein verschmutztes Sensenblatt sich nicht wetzen läßt und zudem den Wetzstein verschmieren würde.
Bevor Sie mit dem Wetzen beginnen, müssen Sie den feinkörnigen Naturstein mit Wasser anfeuchten. Natursteine wetzen nicht, wenn man Sie trocken verwendet. Am besten geht das, wenn Sie beim Mähen einen wassergefüllten Wetzsteinbecher an der Hüfte mitführen, in dem der Wetzstein feucht gehalten wird. Mit Kunststeinen dagegen kann man auch trocken wetzen. Es ist jedoch besser auch den Kunststein zum Wetzen zu befeuchten, da sich der Dangel beim Naßwetzen weniger schnell verbraucht, als beim Trockenwetzen.

Das Führen des Wetzsteines

Zum Wetzen halten Sie den Wetzstein parallel zur Schneide. Wenn Sie den Wetzstein dagegen beim Wetzen schräg an der Schneide entlang führen wetzen Sie den Dangel ab. Gewetzt wird immer im gleichmäßigen Wechsel auf beiden Seiten der Schneide vom Bart zur Spitze hin. Dabei streichen Sie nicht mit einem einzigen langen Wetzzug die ganze Schneide entlang, sondern bestreichen die Schneide mit dem Wetzstein in kurzen, gleichmäßigen bogenförmigen Wetzzügen vom Bart zur Spitze.
Beim Schärfen mit dem Wetzstein kommt es nicht auf flinke Fingerfertigkeit an, sondern darauf, dass Sie den Wetzstein in der richtigen Haltung und dem richtigen Druck an der Schneide entlang führen. Lassen Sie sich nicht von erfahrenen Mähern irritieren, die es verstehen den Wetzstein in rasantem Schwung die Schneide entlang tanzen zu lassen. Üben Sie in aller Ruhe das Wetzen und mit der Zeit werden Sie auch beim Wetzen Ihren eigenen Rhythmus finden.
Nach dem Wetzen wird der Wetzstein mit Wasser gereinigt, da feine Schmutz- und Metallpartikel sich sonst in den Poren festsetzen und mit der Zeit den Wetzstein unbrauchbar machen.

Die Fingerprobe

Mit der Fingerprobe können Sie feststellen, ob das Sensenblatt beim Wetzen die richtige Schärfe erhalten hat. Wenn Sie mit dem Zeigefinger sachte von der Spitze zum Bart hin über die Schneide einer frischgewetzten Sense streichen, fühlt sich die Schneide wie eine Säge mit feinen Sägezähnchen an. Die „Sägezähnchen" sind gegen die Sensenspitze hin gerichtet.

Der Wetzsteinbecher

Der wassergefüllte Wetzsteinbecher dient zum Mitführen des Wetzsteines. Der Wetzsteinbecher wird am Hosenbund oder am Gürtel getragen. Wird er am Rücken befestigt, so sollten Sie beim Mähen darauf achten, dass Ihnen beim Bücken kein Wasser in den Rücken läuft. Im Handel sind Wetzsteinbecher aus Holz, Metall und Hartplastik erhältlich.

Die Wiese und ihr Schnitt

Das, was wir im allgemeinen Wiese benennen, ist in Wirklichkeit eine Mischung aus allen möglichen Pflanzen. Und selbst Gras ist nicht einfach Gras. Es gibt viele Arten von Gräsern, jede Art hat viele verschiedene Sorten, und nicht jede Sorte mäht sich wie die andere. Die Zusammensetzung der Gräser, Kleesorten und anderen Wiesenpflanzen kann maßgeblich auch durch das Mähen beeinflußt werden. Denn der wichtigste Faktor bei der Pflege und Erhaltung einer Grünfläche ist der Schnitt. Allein dadurch und durch die Anzahl der Schnitte pro Jahr werden beispielsweise gewisse Pflanzen von ihrer lichtschluckenden Konkurrenz befreit, also begünstigt. Seit es Mähwiesen gibt, haben sich auf ihnen nur solche Gräser und Pflanzen ausgebreitet, die imstande waren sich dem jeweiligen Rhythmus der menschlichen Bewirtschaftung anzupassen.

Besonders gut lassen sich Fettwiesen, Löwenzahnteppiche und Kleewiesen mähen. Trockenes Gras läßt sich nur mühsam mähen. Es ist lappig, gibt einen unsauberen Schnitt und macht die Sense stumpf. Gras, Klee und die anderen zu mähenden Pflanzen werden Sie beim Mähen selbst lehren wie und wann, was am besten gemäht wird.

Die beste Zeit, eine Wiese mit der Sense zu mähen, ist morgens früh, wenn das Gras taunass ist. Zu dieser Zeit steht das Gras sehr gut und ist noch nicht lappig. Auch bei leichtem Nieselregen ist ein guter Schnitt möglich, während ein starker Regen das Gras oft zum Liegen bringt und dadurch das Mähen erschwert.

Rasen oder Wiese

Rasen oder Wiese, den Garten ohne Arbeit gibt es nicht. In der laufenden Pflege unterscheiden sich Wiese und Rasen hinsichtlich des Arbeitsaufwandes am meisten: Der Rasen muß je nach Anspruch des Gärtners während der Vegetationsperiode in wöchentlichen bis zweiwöchentlichen Abständen gemäht werden, während die Wiese, je nach Nährstoffgehalt des Bodens, nur zwei- bis dreimal im Jahr gemäht werden muß. Der Rasen braucht in der Regel den Rasenmäher, während die Wiese mit der Sense gemäht wird, da der Rasenmäher vor dem hohen Gras und den Wildstauden versagt. Man kann einen Rasen aber auch ohne Rasenmäher unterhalten und sich Kosten und Arbeit sparen, wenn man den Garten nicht allzuweit von der Landschaft entfernt, die einen umgibt. Wenn man Pflanzengesellschaften zusammenstellt, wie sie jenseits des Gartenzaunes auch wachsen. Das Allerwelts-Wiesengrün läßt sich anders als die vielen speziellen Rasenmischungen auch mit der Sensen leicht mähen.

Viele Menschen träumen von einem grünen, buntblühenden Wiesenteppich vor ihren Haustür, der die Sinne verwöhnt. Doch selbst da, wo Platz für den Traum von der Wiese im eigenen Garten wäre, finden sich allzu oft Gärten, die diesen Namen nicht verdienen, vom ewig kläffenden Rasenmäher zu Tode rasiert. Sicher auch der Rasen hat seine Berechtigung; ist das Rasengrün doch wesentlich trittunempfindlicher als das hohe Wiesengrün. Aber warum lassen sie nicht wenigstens an den Rändern einen schmalen Saum oder hier und da eine Staudeninsel stehen?

Samentütchen mit bunten Bildern gaukeln uns vor, das sei ganz einfach. Doch darin unterscheidet sich die Wiese von der vom Menschen gemachten Welt, in der alles funktioniert und andernfalls vom Fachmann repariert oder höheren Ortes angemahnt werden kann. In der Natur funktioniert überhaupt nichts, sondern es ereignet sich, oder auch nicht. Das Gedeihen im Garten wird zwar vom Menschen anfänglich ermöglicht und begünstigt, aber das Eigentliche ist nicht unsere Sache. Die Pflanzen, der Boden und das Wetter machen es untereinander aus. Da kann man nur zusehen, etwas Wasser tragen, ein paar ermunternde Worte murmeln und, wenn die Saat aufgegangen, die Pflanzen Samen gebildet und ausgesät haben, erst dann gilt es die Sense zur Hand zu nehmen.

Mähen Sie ihre Blumenwiese auf keinen Fall zu früh. Bedenken Sie, dass die Wiesenblumen nicht nur blühen, sondern auch aussamen müssen, wenn die bunte Blütenpracht Sie auch im nächsten Sommer noch erfreuen oder sich noch weiter ausbreiten soll. Deshalb sollte man, wenn möglich, im Garten ein Stück Blumenwiese belassen, das nur zweimal im Jahr gemäht wird, das erste Mal im Juli oder August, nachdem die Margeriten verblüht sind und dann noch einmal im Herbst. Sie können auch um einzelne Pflanzen herummähen und diese erst später absensen, wenn sie verblüht sind und ausgesamt haben.

Dem hohen Pflanzenbestand einer Wiese im Garten werden Sie mit den üblichen Rasenmähern kaum beikommen. Das beste und dabei sogar billigste Werkzeug zum Mähen der Wiese ist und bleibt die Sense.

Naturerlebnisse in der Wiese

Der Griff zur Sense ist zugleich auch eine Entscheidung für das sinnliche Naturerleben und für den Naturschutz.

Anders als mit dem Rasenmäher oder der Motorsense, kommt man beim Mähen mit der Sense der Wiese besonders nahe. Gerade weil sie keinen Motor hat, der das Arbeitstempo vorgibt und weil sie geräusch- und geruchlos arbeitet, kommt man mit der Sense in den Genuß, alles wahrzunehmen, was während des Mähens um einen herum vorgeht. Man braucht nur im Schwung inne zuhalten und nicht erst den Motor abzustellen, um sich der Welt zuzuwenden. Denn so lange der Motor läuft, gibt es einen Druck zum Weitermachen. Man hält nicht inne, um etwas zu betrachten, um auszuruhen oder herumzusehen. Man bleibt dran, bis der Motor nicht mehr geht, die Arbeit getan ist oder bis irgend eine Schwierigkeit auftaucht.

Dies ist ein großer Vorteil der Sense. Spätens bei jeder Wetzpause oder wenn ich verschnaufen muß, stütze ich mich auf meine Sense und schaue auf die Wiese. Ich habe Zeit die Natur zu erleben: Ich sehe, wo welche Pflanzen wachsen, habe Zeit um abzuschätzen, ob das junge Bäumchen am richtigen Ort Wurzeln geschlagen hat, entdecke versteckte Ameisenhaufen im hohen Gras, um die es geschickt herumzumähen gilt, atme den frischen Duft der Minze, oder staune über die kunstvoll gesponnen Radnetze der Spinnen, an denen die Tautropfen im ersten Sonnenlicht wie schillernde Wasserperlen auf der Wäscheleine hängen.

Was kann man im Wiesenland nicht alles erleben und erfahren. Eine richtige Wiese ist ja schließlich mehr als eine Ansammlung schnurgerader Grashalme. Die farbenprächtigen Sommerwiesen sind für mich immer auch Sinnbild des Lebens und des Überflußes. Abertausende Wiesenblumen leuchten in allen Farben zwischen dem Grün der Gräser und verwandeln die Wiesen in bunte Malerpaletten. Das helle Blau der Wiesenglockenblumen, die deutlich kräftigeren Blautöne von Wiesen-Salbei und Flockenblume stellen neben dem Rot von Wiesenklee, Futter-Esparette und roter Lichtnelke oder den Gelbnuancen von Hornklee, Wiesen-Platterbse, Klappertopf und Sonnenröschen einen schönen Kontrast dar.

Wie die Blumen ist auch das Leben der meisten Insekten von der Wärme der Sonne abhängig, da sie nicht imstande sind, ihren Körper aus eigener Kraft warmzuhalten. Und so kommen, wenn die Tage länger und wärmer werden, mit den Blumen auch die Insekten zum Vorschein.

Die Blütenstände gleichen dann Ausflugslokalen, wo ein ständiges Kommen und Gehen herrscht. Sonnentrunken schweben Schmetterlinge über das leuchtende Blütenmeer der Löwenzahnsonnen, der Weißkleekronen und der Glockenblumenkelche von Blüte zu Blüte. Schauen Sie doch einmal genauer hin! Sehen Sie, wie diese farbenprächtigen Insekten ihren dünnen Rüssel entrollen und ihn wie einen Trinkhalm tief in die Blütenkelche stecken, um an den Nektar zu gelangen?

Dieses glückliche Zusammentreffen von Umständen hat die Lebensläufe von Blumen und Insekten einander nahegebracht: Dort, wo Blumen erblühen, gibt es auch die farbige Vielfalt der Schmetterlinge, der Bienen und pelzigen Hummeln mit prallen Pollenhöschen, der weitsprungbegabten Heupferde und allerlei gehörnten Käfer. In einer kleinen Welt voll lebhafter Geschäftigkeit um Nektar und Blütenstaub existieren sie für- und leben sie voneinander. Obwohl uns doch ihre meisten Lebensäußerungen entgehen, vervollständigen die Blütenbesucher mit ihrem unbekümmerten Gesumme und ihrem farbenprächtigen Aussehen die schönste Jahreszeit, den Sommer und unseren Traum von einer Blumenwiese.

Nicht zur Freude von uns Menschen erblühen also die Wiesenpflanzen, sondern wegen der Insekten. Das heißt, dass Blüten nichts anderes sind als Reklamehinweise für die Insekten: „Komm zu mir! Hilf mir! Komm, meinen Pollen zu holen!", oder „Komm, bring mir Blütenstaub!"

Früher einmal, vor vielen Millionen Jahren, da war das noch anders. Da überließen alle Pflanzen ihre Pollen dem Wind, so wie es noch heute die Gräser tun. Doch auf den Wind ist nicht immer Verlass; mal weht er, mal weht er nicht, nicht immer weht er in die gewünschte Richtung oder zur rechten Zeit. So trafen männliche und weibliche Pollen meist nur per Zufall aufeinander, um dann gemeinsam eine neue Pflanze bilden zu können.

Irgendwann im Laufe der Evolution begannen Insekten, sich für den nahrhaften Blütenstaub zu interessieren. Dabei wurde ungewollt, sozusagen aus Versehen, Blütenstaub von der einen Pflanze auf den Fruchtknoten einer anderen Pflanze transportiert. Dieser Umstand führte dazu, dass sich nach und nach Pflanzen entwickelten, die zur Vermehrung nicht mehr auf den Wind angewiesen waren, sondern sich die Insekten dienstbar machten.

Dafür, dass die Insekten den Samen transportieren, erhalten sie als Wegzehrung eine nahrhafte Flüssigkeit, den Nektar und einen Teil der Pollen. Schwebfliegen und Schmetterlinge sammeln diese freundliche Gabe für sich selber, Hummeln, Bienen und Wespen für ihre Brut.

Damit die Insekten auch erfahren, wo es den Nektar gibt, locken die Pflanzen sie mit immer neuen farbenprächtigen Blüten und verführerischen Düften an. Ohne die Blumen gäbe es somit all die Insekten nicht, die von ihnen leben und ohne die Insektenschar gäbe es kein blühendes Blumenmeer. Wechselwirkungen gibt es zwar überall in der Natur, selten aber sind sie so augenfällig wie zwischen Insekten und Blütenpflanzen.

Wie Riesen schauen wir von oben auf diesen für unsere Augen undurchdringlichen blühenden Miniatur-Dschungel zu unseren Füßen. Um Wiesen hautnah zu erleben, genügt es nicht, dass man sie von oben ansieht. Vielleicht gibt es auch deshalb so wenige Blütenteppiche in unseren Siedlungen, weil wir „von oben auf sie herabschauen". Und so wundert es nicht, dass in unserer Zeit mit den Blumen und Schmetterlingen auch die Farben aus unserer Welt verschwinden, das Gesicht der Natur Tag für Tag an Formen- und Farbenreichtum verliert.

Eine Wiese lernt man erst richtig kennen, wenn man in sie hineingeht, in sie hineinhört, sie beschnuppert und hautnah befühlt. Man muß schon in die Hocke gehen oder noch besser sich auf den Bauch legen, um zu sehen, welche Tiere den Lebensraum Wiese zu unseren Füßen teilen. Tauchen Sie ein in das blütenbunte Gräsermeer und schauen Sie einmal ganz genau auf das, was da so kreucht und fleucht! Je bunter und artenreicher eine Wiese ist, desto mehr Tiere können Sie darin antreffen. Am Boden und zwischen den Halmen wuseln eine Menge unterschiedlicher Käfer. Es ist das Reich der räuberischen Laufkäfer, der Schnecken, Spinnen, Asseln, Hundert- und Tausendfüßer und zahllosen Ameisen, die über eine unsichtbare Ameisenstraße allerlei Baumaterial und Nahrhaftes herbeischleppen.

Im grünen Geäst der Gräser und Kräuter geht die Vielfalt erst recht weiter. Ganze Blattlauskolonien haben ihre Saugrüssel in die Leitungsgewebe der Pflanzenstengel gebohrt. An diesen Blattläusen wiederum tun sich Marienkäfer und deren Larven sowie Ameisen gütlich: Sie schlecken die zuckerhaltigen Ausscheidungen der Läuse auf.

Auch Spinnen haben hier ihr Revier. So kann man in zusammengerollten Blattgespinsten die Kinderstube einer neuen Spinnengeneration beobachten oder Zeuge werden, wie sich eine Fliege im Radnetz einer Spinne verfangen hat und so zu deren Beute wird. Besonders gut versteckt, findet man an Halmen und Zweigen angeheftet die wohlverpackten Puppen von Schmetterlingen und anderen Insekten. Sie reifen in ihrer seidenen Kinderstube heran, sprengen eines Tages die Puppenhülle, dehnen und strecken sich und dürfen dann auf Flügeln in die Freiheit. Mit etwas Glück und Geduld wird man selbst Augenzeuge der Neugeburt eines Schmetterlings.

Die Insekten erfüllen, wie alle anderen Lebewesen in der Natur, eine ganz bestimmte Aufgabe, sie leisten ihren Beitrag zum Erhalt der Natur und erweisen uns Menschen, als Zugabe so ganz nebenbei, so manch nützlichen Dienst. Praktisch begegnen wir ihnen überall und wenn wir uns ihnen vorbehaltlos nähern, sind wir meistens überrascht von dem, was sie alles können. Dabei sind sie uns in vielen Dingen überlegen, sieht man einmal von unseren höheren geistigen Leistungen ab – die uns immerhin auch die Atombombe, die Umweltgifte und als bisher letzte „Segnung" BSE beschert haben.

Vertieft man sich in das Leben dieser Tiere, studiert man ihren Körperbau, ihre Sinnesorgane, ihre Leistungen und Tricks zum Überleben, so kommt man aus dem Staunen nicht mehr heraus. Sie benutzen die Sonnenstrahlen zur Orientierung und wissen den Lauf der Sonne im Voraus. Sie sehen im ultravioletten Licht, legen Pilzkulturen an und halten sich „Sklaven". Sie hören Ultraschall, leben unterirdisch, im Wasser und in der Luft. Sie informieren sich gegenseitig nicht nur über Nahrungsquellen in weiter Entfernung, sondern auch über deren Qualität; sie fliegen ohne Unterbrechung viele hundert Kilometer weit und können ihre Fügel bis zu tausendmal in der Sekunde schlagen.

Und wenn Sie des Schauens müde sind, legen Sie sich doch einfach einmal mitten in die Wiese, lassen Sie sich den Duft von Veilchen, Minze, wildem Thymian und andere noch unbekannte Wiesengerüche zu Kopf steigen und sich von der Klangwelt der Wiese meditativ in eine fast vergessene Welt entführen.

Wessen Gehörsinn noch nicht verkümmert ist, für den hält die Wiese einiges bereit, denn die Wiese hält ständig Zwiesprache mit sich selbst und mit allem, was in ihr lebt. Wer dafür offen ist, kann es hören, auf sich wirken lassen und durch diese Klangerlebnisse vielleicht sogar seine innere Ruhe finden. Man braucht nur die Augen zu schließen, schon hört man das Konzert der Wiese: das Summen und Zirpen, das Schnarren und Pfeifen, das leise Schleifen der Blätter und Stängel, die sich vom Wind bewegt aneinander reiben. Natürlich gehört auch die Morgenfrische und die Wärme zu diesem Wiesentraum, genauso wie der Ruf der Vögel, von denen manche wirklich in der Wiese leben und brüten, wie Kiebitz, Feldlerche, Braunkelchen und Wiesenpieper. Ein sanfter Wind weckt Erinnerungen an längst vergangene Kindertage, an das mannshohe, von kräftigen Sommerwinden bewegte, wogende Gräsermeer, in das wir Kinder bis über den Haarscheitel abtauchten und uns im Spiel der Halme verloren.

In der Wiese finden sich seit jeher eine Fülle von Materialien, die zu kreativem Spiel auffordern. Erinnern Sie sich noch daran, wie Sie das Orakel befragten, indem Sie die weißen Blütenblätter von Gänseblümchen und Margeriten unter Hersagen eines Orakelverses zupften, oder an die Blätterschiffchen, die Sie mit unbekanntem Ziel auf die Reise schickten, die selbstgefädelte Gänseblümchenkette, die tönende Grashalmpfeife. Im Spiel wird die Schönheit und Nützlichkeit der Wiesenpflanzen sinnhaft erfahren. Gräser und Blüten, die wir in Händen halten, regen die Fantasie an: Die Blüte wird zum Schmuckstück, die Mohnblume zur Puppe, der Stängel zum Blasinstrument. Viele dieser einfachen, kleinen Naturspielsachen lassen sich nicht sammeln und aufbewahren, da Blüten und Blätter verwelken und Gräser vertrocknen. Doch durch Erzählen weitergereicht, von Generation zu Generation, existieren diese Wiesenspielsachen bis auf den heutigen Tag.

Im Spiel mit den Wiesenpflanzen können Sie vielfältige Erfahrungen machen. Sie spüren vielleicht zum ersten Mal bewusst die Unterschiede zwischen runden, kantigen und geriffelten Stängeln. Sie nehmen die vielfältigen Blattformen von Blumen und Gräsern wahr oder stellen erstaunt fest, wie in Minutenschnelle die frisch gepflückte Mohnblüte ihren zarten, leuchtend roten Blütenkopf, dem Verwelken nahe, hängen lässt, oder staunen wie reißfest und zugleich elastisch die Blütenstiele der Margeriten sind.

Gönnen Sie sich den Rausch der Natur und die Dinge des Lebens erscheinen in einem neuen Licht. Es ist als stecke die Welt voller geheimnisvoller Schätze, die sich unseren üblichen Wahrnehmungen entziehen. Lassen Sie sich gefangen nehmen vom Zauber des Lebens. Unzählige Abenteuer werden Sie erleben, stille und schöne, spannende und tragische.

Pflege und Aufbewahrung der Sense

Schlechte Pflege und unzweckmäßige Aufbewahrung beeinträchtigen die Leistungsfähigkeit einer Sense. Zudem können unordentlich aufgehängte Sensen bösartige Unfälle verursachen.

Für die richtige Instandhaltung der Sense sind folgende Maßnahmen angebracht:

- Nach jeder Mäharbeit sollte das Sensenblatt gründlich mit Wasser gereinigt und im Freien getrocknet werden.
- Nach der Mähsaison im Herbst, sollte das Sensenblatt vom Sensenstiel genommen werden, um den Sensenring zu reinigen und zu ölen. Auch den Hammenteil des Sensenstieles sollten Sie wachsen oder mit Öl einreiben.
- Über den Winter sollte das Sensenblatt zum Schutz vor Rost mit Maschinenöl eingefettet werden.
- Die Sense sollte immer so verwahrt oder so hoch aufgehängt werden, dass sie von Kindern nicht erreicht werden kann.

Anzumerken ist auch, dass das Sensenblatt nicht über längere Zeit einer all zu intensiven Sonnenstrahlung ausgesetzt werden sollte. Durch die Wärmeentwicklung kann die Schneidefähigkeit der Sense Schaden nehmen. Während der Ruhepausen beim Mähen sollten Sie das Sensenblatt deshalb immer mit Gras zudecken.

Abb. 46: Dengler bei der Arbeit.

Das Dengeln

Das Dengeln ist ein Schärfeverfahren, das es so nur bei Sensen und Sicheln gibt. Gedengelt wird, um die Schärfe der Schneide auf Dauer zu erhalten. Beim Dengeln wird das Metall der Sense entlang der Schneide auf einem speziellen Dengelamboß mit einem Dengelhammer durch Hämmern zu einer dünnen, scharfen Schneide ausgetrieben. Das kalte Hämmern des gehärteten Sensenblattes zieht das Metall mit jedem Schlag zur Schneide hin ein klein wenig aus. Was so entsteht heißt dann Dangel. Ein guter Dangel muß die nötige Dünne und Schärfe aufweisen. Er muß widerstandsfähig gegen zu schnelle Abnutzung sein und muß die Voraussetzungen für leichtes Wetzen bilden.

Zu Zeiten, als die Sensen nicht mähfertig, also ohne scharfe Schneide, an den Endverbraucher ausgeliefert wurden und die Sense das einzige Mähwerkzeug zur Ernte war, war das Dengeln der Sense mit Hammer und Amboß eine unverzichtbare Arbeit, um die Schärfe der Sense zu erhalten. Nicht umsonst lautet eine alter Mäherspruch:

„Wer beim Dengeln schläft,
wird beim Mähen wach."

Heutzutage werden Sensen ausschließlich mähfertig, also gedengelt, im Handel angeboten. Andererseits ist die Mähleistung vergleichsweise bescheiden, da keine hektargroßen Feldflächen mehr mit der Sense gemäht werden, so dass sich die Schneide des Sensenblattes nicht so schnell verbraucht, als dass sie häufig gedengelt werden müßte.

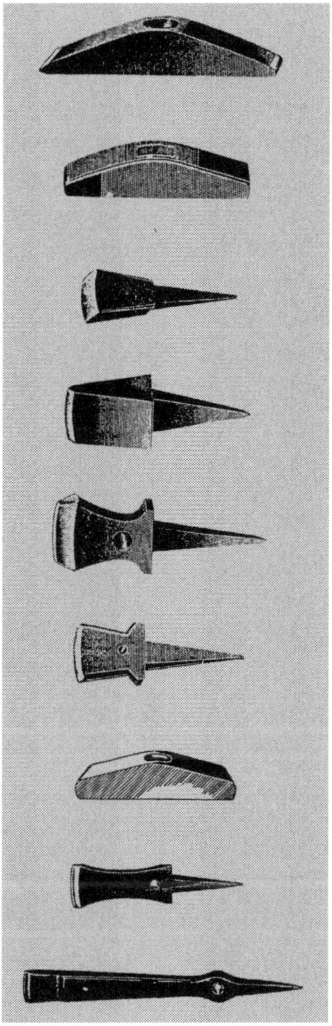

Abb. 47: Dengelhammer und Amboß, verschiedene Modelle.

Das Dengeln ist nicht schwer. Etwas handwerkliches Geschick vorausgesetzt, läßt es sich unter Beachtung einiger Grundregeln leicht erlernen. Der Zeitaufwand um ein Sensenblatt zu dengeln, beträgt je nach Härte des Metalles, so wie der Geschicklichkeit und Erfahrung des Denglers, 15 bis 30 Minuten je Sensenblatt.

Zum Dengeln benutzt man seit altersher Dengelhammer und Dengelamboß. Hammer wie Amboß sind im Handel in verschiedenen Ausführungen erhältlich. Aber bei allen Modellen sind sowohl die schmale Schlagfläche des Hammers und der Amboß bombiert, das heißt nach allen Seiten hin leicht abgerundet. Das Dengeln mit zwei so beschaffenen Werkzeugen bewirkt, dass bei jedem Schlag nur ein kleiner Teil der Schneide gehämmert wird. Ein eventueller Fehlschlag kann so der Schneide keinen großen Schaden zufügen. Für einen guten Dangel ist es wichtig, dass die Schlagflächen an Hammer und Amboß sorgfältig geschliffen und poliert sind. Aus diesem Grund empfiehlt es sich nicht, das Dengelwerkzeug für andere Arbeiten zu verwenden. Bewahren

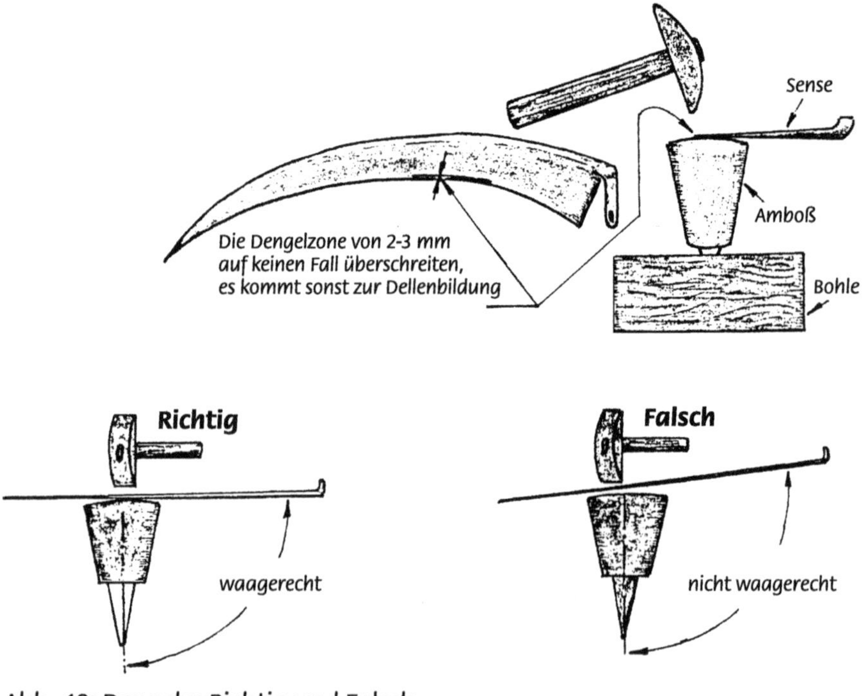

Abb. 48: Dengeln: Richtig und Falsch.

sie die beiden Dengelwerkzeuge an einem trockenen Ort auf und ölen Sie beide von Zeit zu Zeit etwas mit gutem Maschinenöl ein.

Zum Dengeln muß der Dengelamboß auf einer Unterlage, dem sogenannten Dengelstock, befestigt werden. Als Unterlage können 40 bis 50 cm starke Stammabschnitte in einer Länge von 60 bis 75 cm verwendet werden, die dem Dengler gleichzeitig als Sitzgelegenheit dienen. Bohren Sie mit einem 5er Holzbohrer ein Loch in die Baumscheibe oder den Stammabschnitt. In das Bohrloch setzen Sie den spitzen „Fuß" des Amboßes und treiben ihn mit einigen kräftigen Schlägen mit einem Holzhammer in den Dengelstock, so dass der Amboß fest sitzt und beim Dengeln nicht wackelt oder federt, da sonst der Hammerschlag beim Dengeln nicht zieht.

Der Keildangel

Die richtige Form des Dangels, welche Schärfe und Widerstandsfähigkeit in sich vereinigt und sich gleichförmig mit dem Wetzstein bestreichen läßt, ist der dünn auslaufende Keildangel.

Unter dem Keildangel ist folgendes zu verstehen:

Der Übergang vom Blatt zum Riefen und von diesem zum Dangel ist allmählich. Riefen und Dangel zusammen bilden annähernd einen Keil.

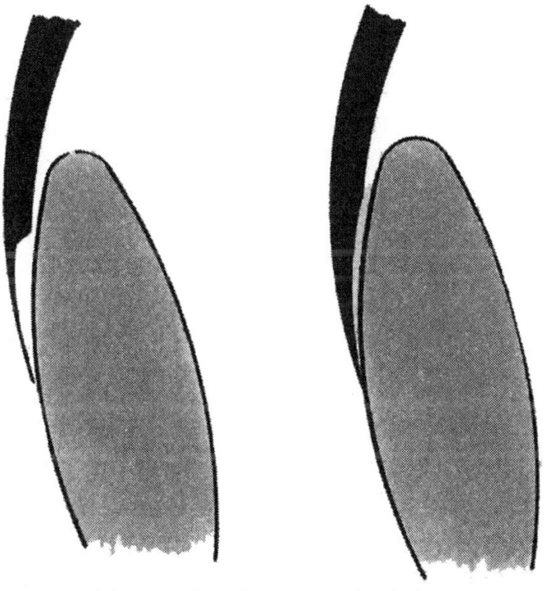

Abb. 49: Plattdangel und Keildangel.

Wie wird gedengelt?

- Zum Dengeln wird das Sensenblatt vom Sensenstiel abgenommen.
- Setzen Sie sich so auf den Dengelstock, dass der Dengelamboß zwischen Ihren Oberschenkeln steht.
- Legen Sie nun das Sensenblatt am Bart mit der Innenseite waagerecht auf den Amboß und vergewissern sich, dass das Sensenblatt auf dem linken Oberschenkel gut aufliegt.
- Gedengelt wir vom Bart zur Spitze.
- Halten Sie mit der linken Hand das Sensenblatt fest in der Waagerechten auf dem Amboß. Mit der rechten Hand wird der Hammer etwa 3 bis 4 cm über dem Sensenblatt gehalten und die Schlagbewegung ausgeführt. Mit leichten, gleichmäßigen Hammerschlägen aus dem Handgelenk heraus führen Sie eine zum Körper hin ziehende Schlagbewegung aus, während Sie mit der linken Hand das Sensenblatt im Schlagrhythmus langsam über den Amboß bewegen. Das Hämmern sollte sorgfältig ausgeführt werden, indem die Hammerschläge unmittelbar nebeneinander auf dem Sensenblatt niedergehen.
- Wenn Sie das Sensenblatt etwas anfeuchten, sehen Sie, wo der letzte Schlag niedergegangen war. Auf diese Weise wird Schlag neben Schlag gesetzt und die Schneidkante dünn geklopft. Die Hammerschläge dürfen dabei nur den äußeren Schneiderand treffen. Das kalte Hämmern des gehärteten Sensenblattes zieht das Metall mit jedem Schlag ein klein wenig aus.

In der Regel reicht es aus, wenn Sie beim Dengeln die Schneide in ihrer gesamten Länge ein- oder zweimal beklopfen. Beim Dengeln lassen sich auch kleine Risse oder Scharten, die beim Mähen entstanden sind, ausbessern. Dabei brauchen Sie nicht unbedingt die ganze Länge der Schneide, sondern meist nur die schadhafte Stelle zu bearbeiten. Bei Sensenblättern aus hartem Stahl kann es notwendig sein die ganze Länge mehrmals zu bearbeiten, um einen guten Dangel zu erzielen.

Doch sollten Sie beim Dengeln immer darauf achten, dass Sie das Metall nicht mehr als 1 bis 2 mm austreiben. Denn wird das Austreiben des Metalles an der Schneide übertrieben, entstehen Dellen, die das Sensenblatt unbrauchbar machen.

Der Nachteil des abgerundeten oder ovalgeschliffenen Amboßes liegt darin, dass das ruhige Halten der Sense darauf besonders dem Anfänger etwas mehr Schwierigkeiten bereitet, als auf einem Amboß mit ebener Bahn.

Abb. 50: Dengeln.

Der Plattdangel

Ein weiterer jedoch weniger schwerwiegender Mangel kann an der Schneide entstehen, wenn Sie die Sense auf einem mit einer flachen Bahn versehenen Dengelamboß aushämmern. Das hat den Nachteil, dass sich die Kante der Bahn beim Dengeln in den Riefen einpreßt, und den platten Dangel bildet. Der Plattdangel wirkt sich ungünstigt auf das Schärfen mit dem Wetzstein aus. Sie können diesem Mangel abhelfen, indem Sie den Dengelamboß mit flacher Bahn am Schleifstein entsprechend nachschleifen.

Das Dengeln mit dem Apparat

Wer sich die Arbeit mit Hammer und Amboß ersparen möchte, nicht zutraut oder merkt, dass es ihm an der handwerklichen Geschicklichkeit fehlt, dem empfiehlt es sich, seine Sense je nach Beanspruchung gelegentlich einem geübten Dengler in die Hand zu geben. Eine andere Möglichkeit besteht darin, das Sensenblatt mit einem sogenannten Dengelapparat zu schärfen. Im Handel sind dazu mehrere Geräte erhältlich, die nach zwei verschiedenen mechanischen Verfahren die Schneide der Sense

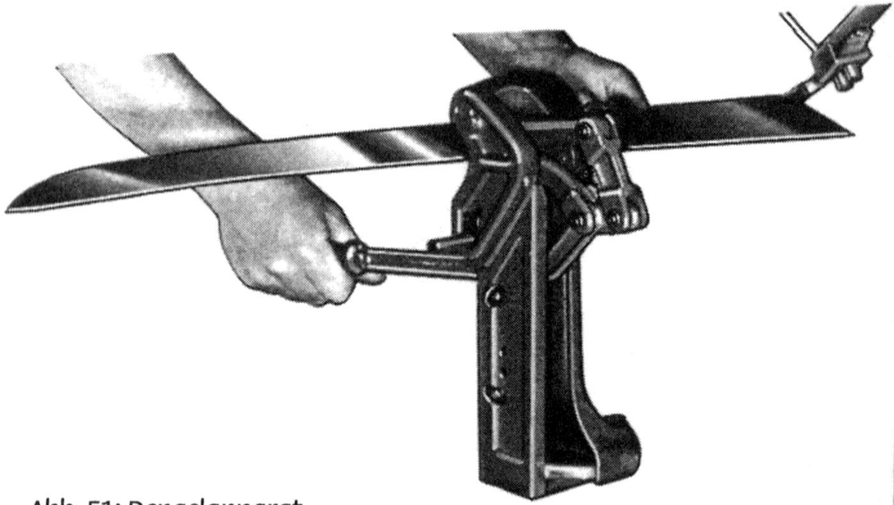

Abb. 51: Dengelapparat.

dengeln. Beim Walzverfahren wird die Schneide zwischen rotierenden Stahlkugeln, die von einer Handkurbel angetrieben werden, gepreßt. Bei den Hämmerapparaten wird die Schneide, ähnlich wie beim Dengeln von Hand, mittels Hammer oder Schlagbolzen bearbeitet.
Mit Hilfe dieser Apparate läßt sich bei richtiger Handhabung ein annehmbares Dangel erzielen. Das Dengeln von Hand ist dem Dengeln mit entsprechenden Apparaten überlegen.

Keinesfalls sollte das Sensenblatt am Schleifstein geschliffen werden, da das Blatt beim Schleifen zuviel Substanz verliert und sich die Wärmeentwicklung ungünstig auf die Materialhärte, also die Widerstandsfähigkeit und Haltbarkeit der Schneide, auswirkt.

Handsense oder Motormäher?

Und während immer mehr Gras fällt, kommen wir zu der tiefschürfenden Erkenntnis, dass bei weitem nicht alle Errungenschaften der Technik die Menschheit auch wirklich weitergebracht haben. Man sieht's an den sogenannten Motorsensen, wenn die Mäher wie neuzeitliche Ritter bewehrt mit Ohrenschutz und heruntergelassenem Visier laut lärmend durch Feld und Flur stapfen.
Eine Sense ist leicht. Sie läßt sich locker und bequem handhaben, selbst an steilen Hängen. Sie ist weit weniger gefährlich für Mensch und Tier als die Motorsense. Sie ist leise und verursacht keine Abgase. Sie paßt sich den jeweiligen Gegebenheiten viel leichter an als die Motorsense. Sie springt immer an. Sie braucht keinen Treibstoff und kein Öl. Sie ist mindestens so schnell wie die Motorsense.

Motorsensen machen Krach und stinken giftige Abgase in die Luft. Die Sense dagegen läßt nichts von sich hören, sie zu bedienen ist sportliche Betätigung – Mährobic – in der frischen Luft.
Motormäher bedeuten eine ständige Gefahrenquelle. Die Chance, beim Sensen zu verunglücken, ist wesentlich geringer und mögliche Verletzungen sind nicht so schwerwiegend.
Motoren betriebene Mähmaschinen sind der Schrecken der Tierwelt: Wer kann ihnen entkommen? Beim Mähen mit der Sense geht die Übersicht

nicht verloren. Feldtiere können Reißaus nehmen, Winzlinge sich verkriechen, im Gras liegende Rehkitze werden rechtzeitig erkannt und bleiben unverletzt.
Motormäher nehmen keine Rücksicht auf den Rhythmus der Natur. Mit der Sense reicht es, die Wiese zweimal im Jahr zu mähen, denn sie macht sowohl hohem als auch nassem Gras den Garaus. Der motorisierte Rasenmäher kommt meist gegen beides nicht an. Mit ihm muß das Gras wöchentlich in der Vegetationszeit gekappt werden.
Motormäher sind teuer. Eine gute Sense mit Zubehör kostet knapp 100 DM. Bei guter Pflege hält sie nahezu unbegrenzt. Der Motormäher kostet ein Vielfaches davon und verschlingt dazu noch Benzin, Öl oder Strom. Ihn zu reparieren kann teuer sein.

Dritter Teil:

Die Sensenherstellung

Abb. 52: Die Sensenherstellung.

Sensen werden heute, was die einzelnen Fertigungsschritte betrifft, im wesentlichen noch genauso gefertigt, wie in den kleinen, wasserbetrieben Hammerschmieden, die sich hauptsächlich an gefällreichen Bächen im Gebirge ansiedelten.
An den Stahl, der heute zu Sensen verarbeitet wird, werden jedoch hinsichtlich Gleichmäßigkeit, Reinheit und Zusammensetzung viel höhere Anforderungen gestellt als früher, wo oft einfacher, sogenannter Gerbstahl verwendet wurde.

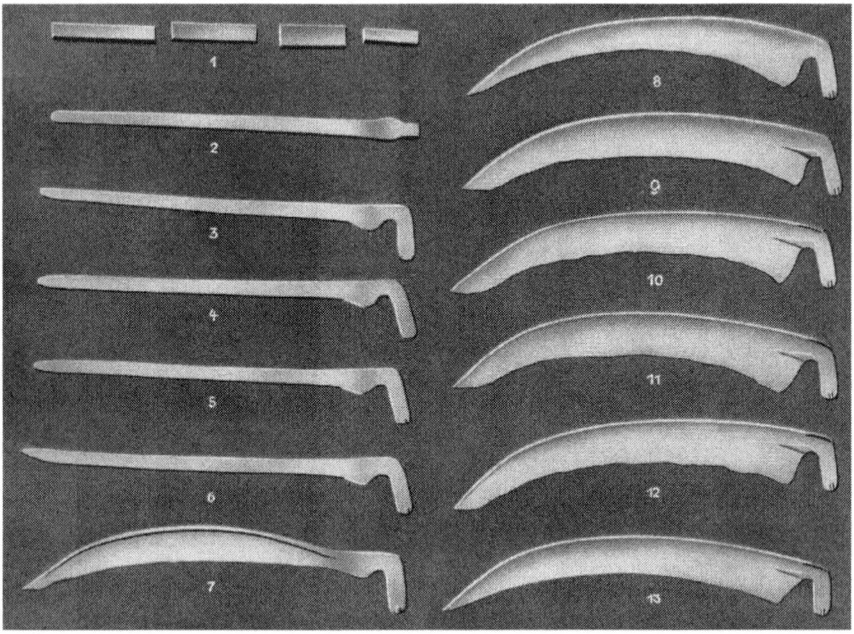

Abb. 53: Werdegang des Sensenblattes bei der Herstellung.

26 Arbeitsgänge sind notwendig, um aus einem kleinen Stück Stahl, etwa 10 cm lang und 500 g schwer, eine gute, schnittfähige Sense herauszuschmieden. Nachstehend soll kurz der Werdegang einer Sense beschrieben werden, wie sie die Bayerische und Tiroler Sensenunion, in deren Werken Jenbach (Tirol) und Oberaudorf (Oberbayern) erzeugen.

Die einzelnen Arbeitsgänge sind mit den Nummern 1 bis 26 bezeichnet.

1. Die langen Stahlstangen werden auf einer Kraftschere in sogenannte „Brocken" in der für die zu schmiedende Sense erforderlichen Länge abgeschnitten.

2. Die Brocken werden nun in einem Schmiedeofen auf etwa 950 Grad glühend erhitzt und unter einem Krafthammer zu dem sogenannten „Zain" gereckt, der ungefähr Sensenlänge hat.

3. An dem einen Ende des Zaines blieb ein Stück des ursprünglichen Brockens stehen; dieses wird nach erneuter Erhitzung ebenfalls unter einem Krafthammer zur Hamme ausgeschmiedet und abgewinkelt.

4. Die so vorgeschmiedte Hamme wird nochmals erhitz und deren Endteil mit einem Handhammer zur sogenannten „Warze" zugeschmiedet, welche dann in einem Gesenk die richtige Form erhält.

5. Sodann wird auf einem besonders geformten Amboß der Kragen der Sense geschmiedet.

6. Nun wird die Spitze des Zaines erhitzt, der Zain auf genaue Länge gekürzt und die Spitze sauber ausgeschmiedet, je nachdem, ob es eine Sense mit Blattspitze oder Steinspitze werden soll.

7.-9. Der genau gemessene, gewogene und geprüfte Zain kommt nach weiterer Erhitzung unter den Breithammer, um das Blatt auszuschmieden. Diese Arbeit erfolgt in drei bis fünf Arbeitsgängen, je nach der Breite und Länge der herzustellenden Sense. Arbeitsgang 7 zeigt den ersten Schmiedezustand, Arbeitsgang 8 den zweiten und Arbeitsgang 9 den letzten, also das vollständig ausgeschmiedete Blatt. Das Breiten ist eine der wichtigsten und schwierigsten Arbeiten, weil vom richtigen Breiten die Gleichmäßigkeit des Blattes, die Ausbildung des Rückens, sowie die Kragenbreite abhängig ist.

10. Nach neuerlichem Erhitzen wird an einer Spezialmaschine in der Rucknerei an dem gebreiteten Blatt der Rücken bis zur stärksten Krümmung des Sensenblattes aufgestellt.

11. Nun wird der vordere Teil des Blattes erhitzt und der Rücken der Sense von der krümmsten Stelle bis zur Spitze ausgeschmiedet.

12. Nach dem Rucknen weist das Sensenblatt noch Unebenheiten, Hammerstreiche und Wellen auf. Unter einem schnell schlagenden Krafthammer werden alle Unebenheiten im kalten Zustand ausgeklopft (geschlichtet). Die Sense wird dadurch auch schon leicht gewölbt.

13. Um der Schneide die vorgesehene Form zu geben, wird das Blatt mit einer Hebelschere entlang der Schneide zugeschnitten.

14. Wie auf den Abbildungen zu sehen ist, hat die Hamme eine Stellung, welche zur Befestigung der Sense am Sensenbaum ungeeignet ist. Nach erneutem Erhitzen wird die Hamme in die richtige Stellung in bezug auf Höhe und Neigung zum Blatt gebracht. Gleichzeitig werden in die Hamme das Markenzeichen und das Längenmaß eingeschlagen.

15. Bei den bisher beschriebenen Arbeitsgängen war die Sense noch im weichen Zustand. Die Sense war noch nicht gehärtet. Das Härten ist die letzte und wichtigste Wärmebehandlung der Sense. Dazu wird sie erhitzt und dann in einem erwärmten Ölbad abgeschreckt.

16. Das gehärtete Sensenblatt wird nun geklippert. Dies geschieht ähnlich wie das Schlichten auf schnell schlagenden Krafthämmern im kalten Zustand. Durch das Klippern wird das Blatt geglättet und gewölbt und das innere Gefüge des Stahls verdichtet.

17. Bei den darauffolgenden Arbeitsgängen, dem „Einreiben" und „Ausmachen", werden Ungleichmäßigkeiten des Blattes herausgeklopft, so wie die richtige Stellung des Blattes und Bartes zur Hamme erreicht.

18.-20. Zwischen diesen beiden Arbeitsgängen erfolgt das Spannen der Sense mittels eines sehr rasch schlagenden Krafthammers, dem Spannhammer. Hierbei werden quer zum Blatt dicht aneinandergereihte Streiche auf das Blatt geschlagen. Dadurch wird der Stahl verdichtet und eine kräftige Spannung des Blattes erreicht.

21. Nach dem Ausmachen wird die Sense auf Schleifsteinen naß geschliffen. Dadurch werden noch bestehende Unebenheiten beseitigt und eine gleichmäßige Dicke des Sensenblattes erreicht.

22. Die geschliffene Sense wird nun mit verschiedenen Polierscheiben poliert.

23. Nach dem Polieren wird die Sense vorgedengelt. Dies geschieht unter einem schnelllaufenden Krafthammer mit besonders geschliffener Schlagbahn, welche der Sense vom Bart bis zur Spitze eine wenige Millimeter breite,gleichmäßige Abschrägung verleiht.

24. Durch das Schleifen, Polieren und Dengeln ist die vorgespannte Sense wieder teilweise aus der Spannung geraten und muß nachgespannt werden. Dieses Nachspannen geschieht unter dem Dupfhammer.

25. Vom Dupfhammer kommt die Sense in die Instandsetzung, wo das Blatt einer letzten genauen Prüfung und Ausrichtung unterzogen wird. Etwa noch vorhandene Unregelmäßigkeiten werden mit dem Handhammer ausgeglichen.

26. Nun wäre die Sense so weit fertig. Um jedoch Rostbildung zu vermeiden, bekommt die Sense einen entsprechenden Anstrich, der vorerst einerseits vor Rost schützt und andererseits ein ansprechendes Aussehen verleiht. Zuletzt werden Etiketten als Markenzeichen aufgeklebt.

Grundsätzlich werden die Sensen nach jedem Arbeitsgang genau geprüft, um fehlerhafte Stücke möglichst frühzeitig aus dem Produktionsprozess auszuschließen.

Abb. 54: Verschiedene Sensenetikette.

Adressen von Sensenherstellern

Franz de Paul Schröckenfux Ges.m.b.H.
Sensen- und Mähmesserwerk
A-4575 Roßleithen 72

JOHANN OFFNER
Werkzeugindustrie
Postfach 77
A-9400 Wolfsberg

BATAVIA
Ennepetaler Sensenwerke
Rönkhauser Straße 9
59757 Arnsberg/Müschede

Sensenwerk Sonnleithner
Laussa 25
A-4460 Losenstein

BTSU
Bayerische & Tiroler SENSEN-UNION
Postfach 1145
83076 Oberaudorf

Sensen- und Heimatmuseum
Berliner Straße 31
7855 Achern
Telefon 0 78 41 / 13 47
Geöffnet sonntags 14-18 Uhr
Gruppen nach Anmeldung jederzeit

Mäherlatein

Anmähen:
Bezeichnet die ersten Sensenhiebe, mit denen man beginnt eine Wiese zu mähen.

Ausschwaden:
Dabei wird so gemäht, dass das abgeschnittene Gras durch den Schwung der Sense auf der schon freigemähten Fläche in einer langen Reihe zum Liegen kommt. Auf diese Weise wird beim Mähen auf der Wiese Schwade neben Schwade abgelegt.

Anstellen:
Damit ist gemeint, dass das Sensenblatt am Sensenstiel in einem bestimmten Winkel befestigt wird, um eine gute Mähleistung zu erzielen.

Brustwurf:
Regionale Bezeichnung für den Sensenstiel.

Bart:
Wird das rechte Ende des Sensenblattes genannt.

Dangel:
Ist die allgemein übliche Bezeichnung für die Schneide des Sensenblattes.

Dengeln:
Ist ein Schärfeverfahren, das es so nur bei Sensen und Sicheln gibt. Dazu wird die Schneide des Sensenblattes zwischen einem besonderem Dengelamboß und einem Dengelhammer dünn geklopft.

Garbe:
Individuelle „Maßeinheit", ein Arm voll Getreidehalme wurde zusammengebunden und mit mehreren anderen Garben zusammen in der sogenannten Rundhocke zum Trocknen aufgestellt.

Finger:
Ist eine alte Maßeinheit, um die Größe des Zirkels oder die Höhenstellung der Hamme zu bestimmen. Gemessen wurde mit den Fingern der Hand.

Hamme:
Ist die schmale Verlängerung des Sensenblattes zur Befestigung am Sensenstiel.

Hand:
Ist eine alte Maßeinheit, um die Länge des Sensenblattes zu bestimmen. Gemessen wurde mit der zur Faust geballten Hand.

Krücksensenbaum:
Bei diesem Sensenstiel ist der in der Mitte des Sensenstieles angebrachte Griff für die rechte Hand auf einer sogenannten Krücke angebracht.

Mäher:
Wer mit der Sense Gras und anderes Grün mäht ist ein Mäher.

Mahd:
Nennt man im Volksmund die gemähte Fläche.

Schnabel:
Regionale Bezeichnung für die dornartig verstärkte Sensenspitze.

Schnitter:
Getreide wird nicht gemäht, sondern geschnitten. Nur wenn Getreide geschnitten wird , spricht man vom Schnitter.

Schwad:
Bezeichnet das abgemähte Gras, das am Ende des Mähschwunges auf einem Haufen zum Liegen kommt.

Sensenbaum:
Überregional verbreitete Bezeichnung für den Sensenstiel.

Sensenmann:
oder Schnitter Tod, sind mystische Sinnbilder.

Sensenwurf:
Regionale Bezeichnung für den Sensenstiel.

Sensenring:
Ist ein Haltering mit einer oder zwei Feststellschrauben zur Befestigung des Sensenblattes am Sensenstiel.

Sensenschlüssel:
Es handelt sich um einen einfachen Vierkantschlüssel mit dem die Feststellschrauben des Sensenringes festgezogen oder gelöst werden.

Sensenschützer:
Sollen vor Schnittverletzungen an der Schneide, so wie die Schneide der Sense vor Beschädigungen schützen.

Sensenzeichen:
Ist das Schmiedezeichen einer bestimmten Sensenmarke, das während des Schmiedens des Sensenblattes auf die glühende Hamme geschlagen wurde.

Steinspitze:
Überregionale Bezeichnung für die dornartige verstärkte Sensenspitze.

Reff:
Ist eine Vorrichtung, die am Hammenteil des Sensenstieles angebracht wurde und das Mähen von langen Halmen, wie Getreide, wesentlich erleichterte.

Warze:
Ist eine dornartige Erhebung an der Hamme, die der Befestigung des Sensenblattes am Sensenstiel dient.

Wetzstein:
Ist ein unerläßliches Zubehör zum Schärfen der Schneide.
Worb:
Regionale Bezeichnung für den Sensenstiel.

Zirkel:
Nennt man den Bogen, den die Schneide der Sense beschreibt.

Literaturverzeichnis

Bartels Adolf, Der Bauer, Eugen Diderichs Verlag in Jena

Bastin Majorlein, 1990, Ein Seufzer der Verwunderung, Franck-Kosmos

Bayerische und Tiroler Sensen-Union A.-G.; 1950, Einige Aufschlüsse über die Sensenerzeugung, Sonderdruck aus Landmaschonen-Markt, Vogel-Verlag Coburg

Dahl Jürgen, 1995, Vom Geschmack der Lilienblüten, dtv

Degreif Erich (Hrsg.), 1999, Das Sensenbuch, Degreif-Verlag

Deutsches Museum München, 1937, Literatur über Sensen und Sicheln, Literatur-Sammlung Sensen-Museum Achern

Dorian-Holtzer-Jackson & Cie, Manufacture dóutils agricoles, Pont-Salomon (Haute-Loire)

Gadamer Hans-Georg (Hrsg.), 1973, Kulturanthropologie, Band 4, dtv wissenschaft

Gerstenberg, 1991, Die ersten Menschen, Gerstberg Verlag

Gebhard Torsten, 1969, Alte bäuerliche Geräte, BLV

Hanewacker A. & Zn.bv, Groothandel in gereedschappen, Prijscourant 1985/86, 8606 JC Sneek

Hetzel-Kiefner Gudrun, 1990, Die schönsten Bräuche für Kinder, Otto Maier Verlag

Hefti J., 1947, Untersuchungen über die Sense und das Mähen, Separatabdruck aus der Schweizerischen Landwirtschaftlichen Zeitschrift „Die Grüne"

Ilg Karl, Die Sense in ihrer Entwicklung und Bedeutung, Literatur-Sammlung des Sensen-Museums Achern

Körber-Grohne Udelgard, 1994 Nutzpflanzen in Deutschland, Konrad Theiss Verlag

Lehnert Bernhard, Wiesensafari, Zeitschrift Entdeckungskiste Nr. 3, 1997

Lehnert Bernhard, Löwenzahn und Pusteblume, Zeitschrift Entdeckungskiste Nr. 2, 1995

Lühning Arnold, 1951, Die schneidenden Erntegeräte, Dissertation zur Erlangung des Doktorgrades der Philosophischen Fakultät der Georg-August-Universität zu Göttingen

Monty Don, 1998, Ein Garten für die Sinne, BLV

Schmidt Leopold, 1952, Gestaltheiligkeit im bäuerlichen Arbeitsmythos, Verlag des österreichischen Museums für Volkskunde

Schmidt Leopold, Die Kurzstielsense, Sonderdruck aus „Archiv für Völkerkunde", Literatur-Sammlung Sensen-Museum Achern

Schröckenfux Karl & Comp., Die rationelle Erzeugung von guten Sensen, Literatur-Sammlung Sensen-Museum Achern

Seymour John, 1976, Leben auf dem Lande, Otto Maier Verlag

Steinmetz H., Karteikartensammlung zu landwirtschaftlichen Erntegräten, Literatur-Sammlung Sensen-Museum Achern

STEINMETZHOFBERICHTE, 1932, Leichteres Mähen, Lehrhefte für gute Geräte und leichte Arbeit, Verlag: Institut Steinmetz

Sonntag Christoph, 1988, Der Sensenmann, Zeitschrift natur 5/88

The Marugg Company, Inc., Tracy City, Tennessee

Wolfram Richard, 1947, Das Radmähen, Literatur-Sammlung Sensen-Museum Achern

Zeitlinger Josef, 1944, Sensen, Sensenschmiede und ihre Technik, Sonderabdruck aus dem Jahrbuch des Vereines für Landeskunde und Heimatpflege Linz

Zentralinstitut für Geschichte der Akademie der Akademie der Wissenschaften der DDR, 1979, Deutsche Geschichte, Band 1, Von den Anfängen bis zur Ausbildung des Feudalismus, Deutscher Verlag der Wissenschaften

Abbildungsnachweise

Abb. 1: Sichelernte in Ägypten, aus Zeitlinger Josef, 1944, Sensen, Sensenschmiede und ihre Technik, Sonderabdruck aus dem Jahrbuch des Vereines für Landeskunde und Heimatpflege Linz

Abb. 2: Steinzeitsicheln, aus Josef Zeitlinger, 1944, Sensen, Sensenschmiede und ihre Technik, Sonderabdruck aus dem Jahrbuch des Vereines für Landeskunde und Heimatpflege Linz

Abb. 3: Hakensichel, aus Lühning Arnold, 1951, Die schneidenden Erntegeräte, Dissertation zur Erlangung des Doktorgrades der Philosophischen Fakultät der Georg-August-Universität zu Göttingen

Abb. 4: Hausensenblatt mit Stiel, aus Lühning Arnold, 1951, Die schneidenden Erntegeräte, Dissertation zur Erlangung des Doktorgrades der Philosophischen Fakultät der Georg-August-Universität zu Göttingen

Abb. 5: Mäher mit Sichte und Mathaken, aus Zeitlinger Josef, 1944, Sensen, Sensenschmiede und ihre Technik, Sonderabdruck aus dem Jahrbuch des Vereines für Landeskunde und Heimatpflege Linz

Abb. 6: Getreideernte mit der Sichte, aus Lühning Arnold, 1951, Die schneidenden Erntegeräte, Dissertation zur Erlangung des Doktorgrades der Philosophischen Fakultät der Georg-August-Universität zu Göttingen

Abb. 7: Alte Sensenstiele und Zubehör, Quelle unbekannt, aus Literatur-Sammlung des Sensen-Museums Achern

Abb. 8: Latenezeitliche Sensenblätter mit Bogenstück, Eisenfunde von Maunitz bei Zirknitz, Krain, aus Zeitlinger Josef, 1944, Sensen, Sensenschmiede und ihre Technik, Sonderabdruck aus dem Jahrbuch des Vereines für Landeskunde und Heimatpflege Linz

Abb. 9: Portalfigur von Chartres, aus Lühning Arnold, 1951, Die schneidenden Erntegeräte, Dissertation zur Erlangung des Doktorgrades der Philosophischen Fakultät der Georg-August-Universität zu Göttingen

Abb. 10: Sensenschmied, Holzschnitt von Jost Ammon, Quelle unbekannt, aus Literatur-Sammlung des Sensen-Museums Achern

Abb. 11: Der wassergetriebene Sensenhammer, Offner Johann, 1955, Zweihundert Jahre Johann Offner, Sensen- und Gabelfabrik, Wolfsberg, Kärnten, Austria

Abb. 12: Werbeplakat für Sensen, Quelle unbekannt, Fundus des Sensen-Museums Achern

Abb. 13: Verschiedene Sensenblätter, aus Sensenverkaufsbüro der Wirtschaftsvereinigung Österreichischer Sensenwerke, Linz

Abb. 14: Sensen als Waffen im Bauernaufstand, aus Bartels Adolf, Der Bauer, Eugen Diderichs Verlag in Jena

Abb. 15: Verschiedene Sensenzeichen, aus Zeitlinger Josef, 1944, Sensen, Sensenschmiede und ihre Technik, Sonderabdruck aus dem Jahrbuch des Vereines für Landeskunde und Heimatpflege Linz

Abb. 16: Mäher mit Sensen am langen Sensenstiel, Kalenderbild aus dem angelsächsichen Calendarium Cotton Tiber, aus Zeitlinger Josef, 1944, Sensen, Sensenschmiede und ihre Technik, Sonderabdruck aus dem Jahrbuch des Vereines für Landeskunde und Heimatpflege Linz

Abb. 17: Mäher mit Armstütz, aus STEINMETZHOFBERICHTE, 1932, Leichteres Mähen, Lehrhefte für gute Geräte und leichte Arbeit, Verlag: Institut Steinmetz

Abb. 18: Darstellung verschiedener Sensenstiele, aus Lühning Arnold, 1951, Die schneidenden Erntegeräte, Dissertation zur Erlangung des Doktorgrades der Philosophischen Fakultät der Georg-August-Universität zu Göttingen

Abb. 19: Sensenstiele mit Reff, aus Gebhard Torsten, 1969, Alte bäuerliche Geräte, BLV

Abb. 20: *Mäher mit Bogenreff, aus* Steinmetz H., *Karteikartensammlung zu landwirtschaftlichen Erntegeräten*, Literatur-Sammlung Sensen-Museum Achern

Abb. 21: Schnitter mit Zahnreff, *aus* Steinmetz H., *Karteikartensammlung zu landwirtschaftlichen Erntegeräten*, Literatur-Sammlung Sensen-Museum Achern

Abb. 22: Verschiedene Sensenringe, *aus* Hefti J., 1947, Untersuchungen *über die Sense und das Mähen, Separatabdruck aus der* Schweizerischen Landwirtschaftlichen Zeitschrift „Die Grüne"

Abb. 23: Sensenschloß Fledermaus, *aus* Steinmetz H., *Karteikartensammlung zu landwirtschaftlichen Erntegeräten*, Literatur-Sammlung Sensen-Museum Achern

Abb. 24: Sensenschützer, *aus* Hefti J., 1947, Untersuchungen *über die Sense und das Mähen, Separatabdruck aus der* Schweizerischen Landwirtschaftlichen Zeitschrift „Die Grüne"

Abb. 25: *Bauer beim* Dengeln, *aus* Gebhard Torsten, 1969, Alte *bäuerliche Geräte* , BLV

Abb. 26: *Dengelapparat, aus* The Marugg Company, 1931, Tracy City, Tennessee

Abb. 27: *Mäher beim* Wetzen, Quelle *unbekannt*, Fundus *des* Sensen-Museums Achern

Abb. 28: *Mähen einer Wiese, aus* Bartels Adolf, Der Bauer, Eugen Diderichs Verlag *in* Jena

Abb. 29: Schnitter mit Wetzholz, Quelle *unbekannt*, Fundus *des* Sensen-Museums Achern

Abb. 30: Verschiedene Wetzsteinbecher, *aus* Literatur *über* Sensen und Sicheln am Deutschen Museum in München, 1937, Literatur-Sammlung Sensen-Museum Achern

Abb. 31: *Mähen als Gemeinschaftsarbeit, Museum Conde, Chantilly, Juni-Heuernte von Duc de Berry, Fundus Sensen-Museum Achern*

Abb. 32: *Radmähen bzw. Wirbelmachen, aus Wolfram Richard, 1947, Das Radmähen, Literatur-Sammlung Sensen-Museum Achern*

Abb. 33: *Motive des Radmähens, aus Wolfram Richard, 1947, Das Radmähen, Literatur-Sammlung Sensen-Museum Achern*

Abb. 34: *Erntefest, aus Bartels Adolf, Der Bauer, Eugen Diderichs Verlag in Jena*

Abb. 35: *Sense als Vogelscheuche in Baumkrone, Foto: Lehnert Bernhard*

Abb. 36: *Mäher beim Sensen, aus Steinmetz H., Karteikartensammlung zu landwirtschaftlichen Erntegeräten, Literatur-Sammlung Sensen-Museum Achern*

Abb. 37: *Das Sensenblatt, aus Lühning Arnold, 1951, Die schneidenden Erntegeräte, Dissertation zur Erlangung des Doktorgrades der Philosophischen Fakultät der Georg-August-Universität zu Göttingen*

Abb. 38: *Sense für Linkshänder, Foto: Lehnert Bernhard*

Abb. 39: *Auswahl heutiger Sensenstiele, aus Hanewacker A. & Zn. Bv, Groothandel in gereedschappen, Prijscourant 1985/86, 8606 JC Sneek*

Abb. 40: *Richtige Länge des Sensenstiels ermitteln, aus The Marugg Company, 1931, Tracy City, Tennessee*

Abb. 41: *Verschiedene Griffe, aus Hanewacker A. & Zn. Bv, Groothandel in gereedschappen, Prijscourant 1985/86, 8606 JC Sneek*

Abb. 42: *Anstellen des Sensenblattes, Foto: Lehnert Bernhard*

Abb. 43: *Anstellen des Sensenblattes, aus Steinmetz H., Karteikartensammlung zu landwirtschaftlichen Erntegeräten, Literatur-Sammlung Sensen-Museum Achern*

Abb. 44: Mähbewegung in drei Bildern, aus Steinmetz H., Karteikartensammlung zu landwirtschaftlichen Erntegeräten, Literatur-Sammlung Sensen-Museum Achern

Abb. 45: Wetzen des Sensenblattes, Foto: Lehnert Bernhard

Abb. 46: Dengler bei der Arbeit, Foto: Lehnert Bernhard

Abb. 47: Dengelhammer und Amboß, verschiedene Modelle, Quelle unbekannt, Fundus Sensen-Museum Achern

Abb. 48: Dengeln: Richtig und Falsch, Quelle unbekannt

Abb. 49: Plattdangel und Keildangel, aus Hefti J., 1947, Untersuchungen über die Sense und das Mähen, Separatabdruck aus der Schweizerischen Landwirtschaftlichen Zeitschrift „Die Grüne"

Abb. 50: Dengeln, Foto: Lehnert Bernhard

Abb. 51: Dengelapparat, aus Hanewacker A. & Zn. Bv, Groothandel in gereedschappen, Prijscourant 1985/86, 8606 JC Sneek

Abb. 52: Die Sensenherstellung, Offner Johann, 1955, Zweihundert Jahre Johann Offner, Sensen- und Gabelfabrik, Wolfsberg, Kärnten, Austria

Abb. 53: Werdegang des Sensenblattes bei der Herstellung, aus Bayerische und Tiroler Sensen-Union A.-G.; 1950, Einige Aufschlüsse über die Sensenerzeugung, Sonderdruck aus Landmaschinen-Markt, Vogel-Verlag Coburg

Abb. 54: Verschiedene Sensenetikette, Fundus Sensen-Museum Achern

DORLE MICHEL
Mama's Kochbuch für den lieben Vater
Hochformat mit Schutzfolienumschlag, 70 Seiten, Spiralbindung, DM 9,80
ISBN 3-931773-08-6

Ein kleiner Helfer für alle Strohwitwer, deren Frauen sie nicht ohne ihre Lieblingsgerichte zuhause lassen wollen und deshalb diesen Ratgeber für ihre bessere Hälfte als Survival-Hilfe in der täglichen Küchenpraxis in Vertretung überlassen. Garantiert einfach verständlich und praktikabel beschrieben.
Auch in den Ausgaben „... für den lieben Sohn", „ ...für die liebe Tochter" erhältlich.

ULRICH KUHN-HEIN
12-Sterne-Küche
Die ganze Vielfalt Europäischer Koch-Kultur
Aufwendige Verarbeitung, 164 Seiten, viele Abbildungen, durchgehend vierfarbig, leinengebunden, DM 29,80
ISBN 3-9803415-0-X

Die ganze Vielfalt europäischer Kochkultur zeigt dieses Kochlesebuch, das neben erprobten, landestypischen Rezepten auch jeweils eine kleine Einführung in Geschichte, Eßkultur und Kochkunst der Nationen enthält. Die 12-Sterne-Küche gibt einen Überblick über die verschiedenen europäischen Geschmacksbilder, das kulinarische Lebensgefühl und die kulturellen Eigenheiten, die sich ganz deutlich auch in der Kochkultur ausdrücken.

ULRICH KUHN-HEIN, FRIEDRICH DÖPPER, KAI QUEDENS
Friesische Inselküche
- Ausgabe Norderney
Rezepte aus der altfriesischen Küche
80 Seiten, Zeichnungen, DM 18,50
ISBN 3-9803415-9-3

Traditionelle Gerichte der friesischen Inseln machen den Hauptteil dieses Büchleins aus, eingestreut sind liebevolle Zeichnungen aus der Hand von Friedrich Döpper und Grafiken von Kai Quedens, die lokale Motive in und rund um Norderney zeigen. Hier kann man lesen, wie „Friesisches Sauerfleisch" und „Omas Pannfisch" gekocht werden oder was „Dickmusik" bedeutet.
Die Friesische Inselküche ist außerdem in den Ausgaben für Sylt, Amrum, Föhr und Borkum erhältlich.

RENATE GUTH, SABINE WASCHBÜSCH
Es geht auch ohne Weizen, Gerste, Roggen, Hafer
Ein Leitfaden für die genußvolle Ernährung trotz Glutenunverträglichkeit...
228 Seiten, Zeichnungen, Taschenbuch, DM 18,50
ISBN 3-931773-04-3

Wie gut, angenehm und unkompliziert das tägliche Kochen und Essen auch ohne Weizen-, Gerste-, Roggen- und Haferprodukte sein kann, zeigt dieser Leitfaden für die genußvolle Ernährung trotz Glutenunverträglichkeit, vor allem bei Menschen mit Zöliakie und Sprue. Die Comics von Sabine Waschbüsch führen durchs Buch, das die Ernährungsberaterin und Selbstbetroffene Renate Guth nach jahrelanger Erfahrung mit diesem Thema mit großem Blick fürs Praktische verfasst hat.

ULRICH KUHN-HEIN, ALBERT BLEYER, EUGEN DAMM, HEINRICH KRAUS, HELMUT RICHTER
So schmackt's im Sickinger Land
Essen und Trinken rund um den Landstuhler Schloßberg und den Pfälzer Wald
80 Seiten, Zeichnungen., DM 18,50
ISBN 3-9893415-3-4

ULRICH KUHN-HEIN, CHRISTOPH LEGNER
Deheem schmeckts noch am beschte!
Alte Rezepte aus der Pfälzer Küche - Ausgabe Zweibrücken
80 Seiten, Zeichnungen., DM 18,50
ISBN 3-931773-02-7

Das Büchlein enthält viele typische Pfälzer Gerichte, zwischendrin gibt's zu den Kapitelanfängen lustige Pfälzer Sprüche und Anekdotisches von Eugen Damm, Heinrich Kraus und Albert Bleyer. Eingestreut sind auch einige Zeichnungen aus der Hand von Helmut Richter, die lokale Motive rund um Landstuhl zeigen. Die Palette der Rezepte reicht von „Saurer Grumbeer-Brieh" über „Fleeschworscht unn Gebrädelde" bis zu „selbscht ingeleedem Weinkäs" oder „Grießknepp met Helbeerschmeer".

Aus der Reihe der kleinen saarpfälzischen Kochbücher bringt diese bewährte Zweibrücker Ausgabe Rezepte und Zeichnungen aus der Region. Die Palette der Gerichte reicht von „Zweibrücker Linsensuppe" bis zu „Arisch Gude Lewwerknepp", die sicherlich ihre Liebhaber finden werden. Angereichert wurde die Rezeptesammlung durch die Zeichnungen von Christoph Legner, die die bekannten Zweibrücker Motive widerspiegeln.

ULRICH KUHN-HEIN, ERICH HEIN,
HEINRICH BIEWER
Herzdrigger unn Dummgebabbel
Alte Rezepte aus der saarländischen
Küche - Homburger Ausgabe
80 Seiten, Zeichnungen., DM 18,50
ISBN 3-9803415-6-9

Die Homburger Ausgabe unserer Saarländischen Küchenbüchlein gibt Aufschluß über viele regionale Gerichte wie „Gefülldi Kalbsbruschd", „Dibbehas" oder „Herzdrigger mit Schnittlaachsoß". Gewürzt werden die Rezepte mit Mundartgedichten von Erich Hein und Darstellungen Homburger Ansichten von Heinrich Biewer.

ULRICH KUHN-HEIN, WILLI NEUMANN,
THEO SCHWALB, HANS DAHLEM
Guddes aus de Kaschtler Küch'
Alte Rezepte aus der saarländischen
Küche - Blieskasteler Ausgabe
80 Seiten, Zeichnungen., DM 18,50
ISBN 3-9803415-7-7

Viele einfache Gerichte aus der Region enthält diese Blieskasteler Ausgabe des saarländischen Kochbüchleins. Zahlreiche zum Thema Essen und Trinken passende Gedichte in Mundart von Willi Neumann und Theo Schwalb, allen „Kaschtlern" als dichtender Mitbegründer des gleinnamigen Gasthauses bekannt, bereichern genauso diesen Band wie die lokalen Motive aus der Hand von Hans Dahlem.